舟川
愛本
エンテイ
墓ノ木
ショウキャクジョ
赤田のイワ
送電線
野焼きの丘
音沢発電所
根性坂
宇奈月小学校
内山
ウラヤマ

宇奈月小学校フライ教室日記

先生、釣りに行きませんか。

本村雅宏

宇奈月小学校フライ教室日記　◎　目次

第一章
見えない世界

川釣り

大学を出てすぐ、小学校の教師になった。黒部川河口部右岸の小学校である。向きも不向きも考えず一年を過ごした。二年目に高校時代から交際を続けていた女性と結婚した。生活が安定したせいかいくぶん太ってきた。

その頃、名古屋に住んでいた親友が、しきりに、釣りのことを話し、誘ってきた。彼は帰省の都度、僕を近くの海岸へつき合わせた。海で釣りをしながら一日を過ごすのは、悪い気はしなかった。僕の家は山にも海にも、また川にも近かったが、富山湾を囲むように水平線に浮かぶ能登半島に、目が向くことが多かった。何度か釣りに行くうちに、結構楽しくなっていた。

勤務先の学校へ通う途中、いくつかの川を渡る。片貝川、布施川、そして黒部川。ときどき、竿を立て、川に立ちこむ人の姿を見ることもある。川釣りか。それもいいな。どこか文学のにおいがする。川釣りを描いたつげ義春や井伏鱒二の作品がある。クルマを運転しながら、そんなことも考えた。

学校近くの珈琲店に開高健の『オーパ！』があった。開高健の文学作品は以前から読んでいた。しかし、釣りに関する文章はあえて避けてきた。特に理由らしい理由もなかったのだが、釣りの話にありがちな、釣り師が使う符丁のような言葉には馴染めない思いがあった。ドラマや戯画仕立ての釣りなど滅相もない。それでも釣りを始めた思いもあるから、『オーパ！』を読んでみた。

驚いた。これは釣りのレポートではない。たまたま、素材が釣りであるばかりで、釣りについて語っていない。開高が釣りに向き合いながら心を巡らせ、独特の言葉を生み出している。こういうものを僕は読みもしないで批判を続けていたのだ。悔しかった。

そうだ、竿を買おう。ともかく、竿を買うのだ。漫然とキスなど釣っている場合ではない。あの川へ行こう。

しばらくして、ルアーロッドとリールを手に入れた。心の傷をまさぐりながら釣りをする、という開高の立ち姿に寄り添うには、この選択しかないように考えていた。

だいたい、僕は黒部川に、ルアーで釣れるどんな魚がいるか知らなかった。イワナは巷間「幻の魚」とか言われているはずで、簡単にいるものとは思えない。それに比べて、ニジマスならつかみ取りとかで聞いたことあるし…と、ニジマス釣りに適したウエダのライトアクションのロッドにした。リールは、ダイワのスピニング。メップスやダーデブル、トビーといったルアーを一個ずつ買った。買ってしまってから、身近な川にニジマスなど本当にいるのだろうかと不安になったが、買ってしまったものはしようがない。さっそく、翌日までに、本の通りにルアーのフックを砥いだり、リールに油を差したりした。そのうちに、穏やかな昂ぶりを感じてきた。

その甲斐あってか、初めての釣行では運よく一尾のウグイを手にすることができた。もっとも、「ウグイだよ。」と同行のカズヨシに言われるまでは、それが何という魚であるかも知らなかった。

それきり海に行かず、川に通いつめた。

宇奈月小学校

あくる三月、転勤を言い渡された。このあたりの小学校の場合、五年生を担任するものは、卒業までを見届けるように留まり、六年生を担任することが多い。新卒での採用から三年間担任した彼らと、僕が別れたかったはずはない。新校舎が完成して、新しい形態の学習方法の研究も始まっている。それでも何かの事情があるのだろう。僕自身にまつわる事情かもしれない。あらがうつもりはなかった。

校長先生は、何やかやと理由をつけていたが、僕はほとんど聞いていなかった。新しい学校は、川にも近そうだし、毎日釣りができるからいいか。こちらの気持ちでどうなるものでもないし。そこで、わかりました。喜んで参りましょう、ということにした。

転勤先は、同じ黒部川沿いの上流にある学年が一クラスずつの小規模校である。山と川に挟まれた河岸段丘崖の小さな集落にある。これより上流にもう学校はない。温泉街がひとつあるきり。グラウンドの向こうはかなり急俊な山が、そのまま北アルプスに続いている。

学校の前の唯一の幹線道路の両脇には、小さな家並みがあり、家の裏側は黒部川だ。校区にはスキー場もある。温泉もある。雪は四月まで残り、クロスカントリースキーなら、どこかその辺りで出来そうである。

放り投げてしまったような前の学校の子どもたちのことを考えると、転勤には割り切れない思いがあったが、この地は申し分ない。転勤してしばらくすると、学校の雰囲気も自分に合ったものを感じていた。学校の名は、宇奈月小学校と言った。

同じ年の一月、父親になった。これまで自分はギラギラしながら生きていくのが好きだと思っていたが、この頃から、アイザック・ウォルトンの「穏やかなることを学べ」という言葉が、妙に自分にかかってくるのを感じていた。

山村の子どもたち

それまで、釣りを学校に持ちこんだことはなかった。子どもたちに釣りの話をすることもなかった。職場の人間とも、滅多に釣りの話はしなかった。ところが、転勤してからはよく釣りの話をするようになった。親になったことや教師として余裕ができたからかもしれないが、それだけが原因ではない。教室の傍らを流れる黒部川がそうさせたのかもしれない。

「山村の児童」という言葉に、どんな子どもたちを想像されるだろう。都会の子どもたちとは違う、たくましく野山を駆け回る子どもたちの姿をイメージするだろうか。実際、住まいの周辺が山や川なのだから表面的には想像の一部は当たっているが、しかし、重要な部分で外れてしまう。

つげ義春の『紅い花』に出てくるシンデンのマサジは、象徴的な山の少年だ。宇奈月の子どもたちはくらしが少しばかり自然に寄り添っているだけで、マサジのように、ああして一人で山を歩ける子どもはいない。今はどこへ行ってもそうだが、子どもたちは驚くほど、自分が住んでいる地域のことを知らない。

新しい先生が赴任すると、村のちょっと活発な少年たちがその先生が土地に明るくないのをいいことに、方々連れ回して道に迷わせ、途方にくれた先生が近所の家で道をたずねると、「新しい先生だね。マサジにからかわれたんだよ。」なんて言いながら、おばちゃんが笑顔で道を教えてくれる。そんな風景はもう映画の中の話だろう。ゲームの謎解きは知っていても、裏山の道を上ろうとはしない。

でもおそらく、子どもたちの質が変化したわけではないだろう。変化したのは社会的な環境だ。

価値観の変化と言えばそれまでだが、あの山の向こう、その道の曲がり角の先がどうなっているのかという、好奇心が、少なく薄くなってきた。知ろうとする前に、妙に物わかりがよく、わかったような気分になってしまう。一番大切なことは身近にあるはずなのだが。

学校のきまりで河原は立ち入り禁止だし、もちろん川で泳ぐなんて許されない。理由はちゃんとある。人が自然に手を付け始めると、子どもが近寄れるような場所ではなくなるのだ。そんな環境の中で、マサジが育つわけはない。教師も大人も、山や川、野原に立つことが少なくなっている。もっともそれはここに限ったことではない。人と自然との、何かのつながりが切れてしまったのだ。

野外活動クラブ

赴任してしばらくは、勤務時間が過ぎてもすぐに家には帰らなかった。学校にもいなかった。学校の裏山、黒部川の河原、温泉の裏道、工事の飯場などを見て歩いた。教材として生かせるものはないか、毎日、地域をロケハンしていたのだ。

公然と釣りもしていた。地区の見まわりだとか言って、遊んでいるんじゃないかともそしられたが、釣りを媒介として感じたものが本当に力のある感動なのだ、これは教材研究なのだと、へ理屈をつけた。山にも登った。藪も潜ってみた。そんなことをしているうちに、〈ここは本当にいいところだ。〉と感じるようになった。どこにいてもその場所の風や光が快いのだ。

ずっと昔から変わらず、人のくらしの近くにあったはずのものがここには全部ある。そんな風景に出会うたびに、僕の心はざわざわと動いた。そこらに転がっているものが何でも面白く見えてきた。子どもたちがその面白さに気がついていないのならば、気がつかせよう、と思うようになった。

まず、クラブを作った。野外活動のクラブである。釣りをするための下準備もあったが、それよりもとにかく子どもたちと外に出たかった。授業でもしばしば外に出た。外は出会いにあふれていた。勝手に気の向くまま行き先も告げず飛び出して校長先生に叱られた。地域の自然が伝えようとしているものをうまく教材化できる力があれば、そういう教育哲学を持ち合わせていれば、教室はどこにでもあり、教師もまたどこにでもいるはずなのだ。地域に教室を求め、そこにある風物を教師にしようと思った。

授業やクラブ活動を通して、子どもたちの目も次第に広がり始めた。僕一人の目を通して広がっていた自然の姿が、それぞれの子どもたちにも映るようになってきたようだった。クロスカントリースキーが楽しめそうな斜面もたくさん見つけた。「根性坂」「骨折り坂」「まんじゅうの丘」など名前もつけた。道を歩く登山に飽きて直登を試み、進退窮まったこともある。

同じころ、黒部川の河原は、その姿をどんどんと変えていった。数年後に完成予定のダムがある。これまでの電力会社の発電用ダムとは異なり、国営事業として建設されている。黒部川最後のダムと言われている多目的ダムである。工事のための土捨て場がこの地域の河原に指定されていた。

大量の岩石が、次第に河原を埋め尽くし、グミの林を押し潰していった。河岸段丘崖は元の半分の高さとなり、河原はブルドーザーでならされ荒野となった。この土地の人々の言い方を借りれば、かつてのように「うちの裏まで水が来る」ことはない。川が与えてくれた恩恵はたしかに大きかったが、川が奪っていった幸せもまた大きかった。

そこで、子どもたちと河原の定点観測を始めた。せめてこの風景を記憶したかったし、子どもたちに見せておきたかった。判断は押しつけない。評価は、いつになるかは判らないが、子どもたちそれぞれがしてくれるはず、と思うことにした。

開いた世界

河岸段丘の樹木がすべてなぎ倒され、縄文時代から藪に覆われてきたかもしれない崖が日光の下にさらされた年、名古屋に住んでいた親友、大和《やまと》がフライロッドを抱えて帰ってきた。家業である運動具店の仕事に就くためである。

僕もフライロッドを振ったことがあった。名古屋に長期出張をしていた時、中津川のマス釣り池へ遊びに行った。ルアーとフライフィッシング専用の池で、僕は小さなスプーン（ルアーの一種）で遊んでいた。

しかし、太陽が高く上がってしまうと、まったく魚っ気が失せてしまった。「フライロッド、振ってみないか。」と大和に誘われ、広い池の真ん中でキャスティングを教わった。一〇月末の澄み切った空に、僕が繰り出したラインが恵那山めがけてするすると伸びていった。美しい。こんな美しいものなら僕もやりたい。やってみるか。冷たい空気の中で、大きく深呼吸した。

翌春まだ水の冷たい三月の黒部川へ出かけた。大和はフライ、僕とカズヨシはルアーである。気温もそう高くなく、水もやや多めで、大和の釣果は期待できそうもなかった。スプーンの遅引きが得意なカズヨシを先に進ませ、いくつかフライに関する質問をしながら歩いていると、大和が突然しゃがんだ。「ほら。」といって指差す先には、小さな虫がいた。本で見たカゲロウである。水辺の石に這い上がり、今まさに脱皮の最中だった。

どれくらいの時間であったろうか。きっと、そんな長い時間ではなかったはずだ。僕と大和は、幼虫時代の殻を脱ぎ捨てたカゲロウの羽がしゃんとして、呼吸を整えるようにして飛び立つまでを眺めていた。――

大和が持ったフライロッドからつながる釣り糸の先には、そのカゲロウを模して大和が自分で巻いたフライ（毛バリ）が結ばれていた。フライマンである大和の視線には、人知れず川で繰り返されている小さな生命の存在が、しっかりと映し出されていたのだ。

僕がカゲロウの羽化を見たのは、その時が初めてだった。これまで何回ここへ来たのだろう。それでもこんな瞬間は見たことがなかった。いや、見えなかった。見ようとしていないから、見えない。

あたりまえの話である。子どもたちが、裏山に登ろうとしないのと同じことだ。

教育の大きな意味は、見えない世界を見えるように変えていくことにあると思う。しかし、多くの場合、見えていたものに目隠しをしてしまう。既成の知識と借り物の価値観でくるんでしまう。それが今、学校が抱える問題の多くの原因となっているのかもしれない。体験さえもアイテムのひとつにして提示してしまうのだ。カゲロウの羽化を目のあたりにしたとき、僕もまたそうした教師の一人であったか、と悔しかった。

世界は開いているのである。僕たちの前に開いている。黒部川の河原がそうであるように、表面がたとえどんなにただれていようとも、その下には脈々と生き続いてきた生命がちゃんと存在している。それに気がつくかどうかは、こちら側の心持ちにかかっているのだ。自然の精霊は、それを信じるものに姿を見せる。

フライフィッシングへ

矢も盾もたまらず、フライロッドを手に入れた。フライリールは思いもかけず知人にいただいた。フライタイイング（毛鉤を自分で巻くこと）の道具も、妻に内緒で買い入れ、その年に空き教室を利用して作られた児童会室の机に備えつけた。フライに関する本は目につくごとに買った。

地図帳を開くように川の世界の情報を拾い集めた。水生昆虫のこと、生態系のこと、地形のこと、歴史、文化など世界は次第に緻密になってきた。それでも見えない世界は依然として横たわっている。情報がいくら蓄積しても、本質は見えてこない。体験してみなければわからないことの方が多いのだ。

見えない世界への挑戦を、子どもたちと始めてみることにした。幸い、学校の理科室には役立つ用具がたくさんある。子どもたちも野外活動は嫌がらない。これまで続けてきた河原の定点観測に「川虫《かわむし》の観察」が加わった。（水生昆虫の幼虫は川虫と呼ばれる）

フライフィッシングだって、〈釣り〉にすぎない。釣りに貴賤はない。しかしフライフィッシングは、自然へのスタンスの取り方が他の釣りとは少し違うように感じる。釣りなのであるから、魚を釣る手段であることには変わりはないのだが、生命への向き合い方が、他の釣りと違うように感じられる。何が違うかは、まだうまく言えない。

やがて、フライフィッシングは僕の「世界」を広げ、この後、教え子たちをも巻き込んでいくことになった。

第二章

よみがえる山と川

ガッコのセンセ

「学校」というとなんだか疎遠なものを感じたり、特別なところのような気がするのはなぜだろう。みんなあまり「学校」でいい思いをしていないのかもしれない。「学校」でいい思いなんかできるはずがない、という人もいるだろう。

同様に、いわゆる「学校の先生」（ぜひ、ガッコのセンセと発音していただきたい）と言ったとき、特別な感じになるのはなぜだろう。僕自身がその「学校の先生」である。これ自体は実にいい仕事で、子どもも好きだとかそういうことは別にして（子ども好きと言い切る先生にろくな人がいなかったが、これは僕が会った人だけかもしれない）、プロとしてつきつめることもできる職業である。

しかし、教育者と言ったとき、必ずしも僕たちのような教師を指すわけではない。社会全体が教育の場であって、教育はその社会に住む誰もがかかわっているものであり、かかわることができるもののはずだ。とすれば、その辺りでイブニングライズ（ライズとは魚が水面で餌をとる行為。魚の餌になる水生昆虫は夕暮れに羽化することが多い。夕暮れに魚が虫を追って水面付近に浮いてくることをイブニングライズと呼ぶ）を待っている釣り師にだって、教育者になる権利もあり、義務もある。可能性だけならば、いくらでもある。制度に支えられた「学校」にこだわらなければ、先生はどこにでもいる。

僕がフライフィッシングを知ったとき、その世界の視野の広さに恐れ入った。これまで見えなかったもの、見ようとしなかったものが自然に視界に飛び込んでくる。知らなければならないのではなく、知りたいとする本能がその世界を受け入れた。僕は、幼かったころの知りたがり屋の僕を思いだし、子どものように純真な顔で川縁に立っていた。

教師として、教授の技術を向上させることは職業者としての努めだが、こと「学校の先生」でおわらないためには、人間的な素養を高めなければならないと、僕は考えている。それは、聖人君子になるのではない。見識や人格、何よりも感情を持った人間でなければならない、ということだ。感動して思わず駆け出したり、うろたえ、たじろぎ、あるいは逃げ出したくなったり、時に泣き出しそうな感情までも含めて、人間的でなければならない。

フライフィッシングが僕に教えた見識はまた、子どもたちと僕とのかかわり方にも大きく影響した。子どもたちと僕は、それぞれ別個になりたっているのではない。川の淵で起こっているライズがそうであるように、見えているものと見えないものの、かかわりや、つながりで成り立っている。

そうやって僕と子どもたちは見えない世界を一つ一つ、時にはいくつも明らかにしていった。

実のところ、「学校」はその見かけ通り中身もずいぶん面倒なことが多い。最近は、特にいろいろうるさくなって、ちょっと外に出るにも手続きが必要だ。天気がいいから外に行こうかなどとは、もはや通用しない。教師がそんな言葉を口にしても、多くは演技で、じつは相応の理由と周到な計画が裏に隠れているものだ。時々それが面倒になる。魚も自然のこちらの都合を待ってくれない。で、僕はたまに無茶をした。

しかし、安全への配慮や時間の調整などは怠らなかった。丹念に活動場所を観察し、実際の動きをシミュレートする。わざわざ積雪期や雨の中を狙って歩いたこともある。そうまでしても防げない要素もあるかもしれない。僕は臆病だから、何度も何度もフィールドに出かけた。心配する管理職には、いっしょに来てもらった。

根が好きなもので、子どもたちと出かけるキャンプの場所を毎回変えてみたりすると、なかなか職場ではきつい立場になる。これまでの場所で何が悪いだの、そんな遠くだの、やれ伝統だのと、いろいろ言われるわけだ。そこで、現地の調査を徹底的に行い、恐ろしく綿密な計画書を提出することになる。アドレナリンも出ているせいか、やけに説得力のあるものにできていたりする。これは効く。くわしい計画書には、先生方は弱いのだ。国の資料などを引用すると、もっといい。

どんな活動も、やるからには、教育として効果がなくてはならない。楽しかったけれど、教科や学習活動として何も残らない、また必要なことを学ばなかったのでは困る。イブニングライズで悩んでいる釣り師も教育者になれる一方で、教室は教師の専制王国にもなりうる。子どもたちは教師のわがままから逃げられないのだから、教師がただの「子ども好きの熱中教師」になってはいけない。

そこでは、僕の仕事はいわゆる学校教育活動と、見えない世界とを取り持つ霊媒師の役割であるともいえる。見えない世界の叙述を子どもたちが読めるような言葉に書き直す作業が、教師の仕事だ。教師の生きざまは、子どもに自分自身の世界への自覚を持たせる。フライマンの生きざまも、子どもたちの心情に影響を及ぼし、人格形成の一助となる。

そうした工夫や論理付けをしながら、いろいろやってみたのである。

フライフィッシング教室

フライフィッシングを小難しい釣りだと考えている人には、小学生相手にフライフィッシングの何たるかを教えるのは、暴挙にすぎると思われるかもしれない。僕は逆に言い返そう。小学生だから、子どもだからと言って、安易な〈子ども用〉を与えることこそがいけないことである。フライの専門用語を小学生用に言い換えることの方が、その方法を教えるよりも難しい。

よく〈小学生らしく、中学生らしく〉、という言葉の使い方をするが、そうした言葉はむしろ曖昧で、真実をもっともらしく語るように見せて、大事な部分を覆い隠しているのだと、僕は思っている。力のあるものは、伝わるのである。

まず、僕がフライフィッシングのどんな要素に魅力を感じているのかを、子どもたちに知って欲しかった。目の前にいる僕という教師が、これからどんな世界を覗こうとしているのかを子どもたちに伝えたかった。

そこで、単刀直入に「フライフィッシング教室」を行うことにした。強引だが、こういうものも世の中にはあるのだ、まあ、それでいいじゃないかと、半分開き直って計画を進めた。

まず、教科としての位置付けである。学校には教科以外の時間があって、具体的には、学級活動・道徳の時間・クラブ活動なんかがある。懐かしいと感じる人もあるだろう。それ以外に「学校裁量の時間」というのがあって、ここでは、○○タイムだとか、○○の時間とかいった名前がつけられて、学校独自の活動に当てられている。（当時。現在は「総合的な学習の時間」が加わっている。）

これは、まさに学校裁量で、掃除をしたり、説教の時間になっている場合もないではないが、宇奈月小学校では「みどりの時間」と「桃原の時間」の二時間が設定され、地の利を生かした自然活動を行うことになっている。しかし実際は自然活動を行っている学級は少なく、補習みたいなことが行われていることも多かった。

これを逆手にとらない手はない。額面通りにやればいいのである。

教科にかかわらないのだから、フライだろうが、クライミングだろうが、ねらいを明確にしていれば、教育活動として「あり」だ。これを時間割に決められた時間ではなく、別の時間にまとめて行うことにして、授業時間を入れ換えて活動時間を確保すればいい。学校として認められた行為なのだ。何を臆することがあるものか。どうとでもなるのだ。おもしろければいいとも思えないが、明らかに価値はある。ちゃんと説明できるようにしておけばいい。

僕のこうした計画をどう聞きつけたのか、地元のテレビ局が取材に来た。こどもの日に映像は流れ、すっかり〈フライフィッシング教室〉の看板があがってしまった。

「大和さん」

最初の〈フライ教室〉は、僕のフライの師匠である大和とその細君にお願いした。

こんな感じである。

まず、講師を紹介する。なるべく、おおげさに、たいした人物なのだと言ってしまう。もし僕が少しでも子どもたちに尊敬される教師であったとしたら、この言葉は恐ろしく大きな意味を持つ。尊敬する先生のさらに師匠と言うのだから、これはもう大変な人に違いないと感じるであろう。幸い、その後「大和さん」はそこそこに大変な人物ということになってしまった。それでいい。信頼は授業を支える根幹である。

講師は、まず水生昆虫について語り始める。口で言ってもしかたがないので、ビデオや写真で伝える。ふむふむ、そういう虫がいてもおかしくあるまい、などと子どもたちは思う。ところが、黒部川にもいると聞いて、まず、第一の驚き。ふだん釣りをしている子どもも、エサとしては知っていても、実感がない。エサであって、カゲロウではないからだ。

次に、やおら毛バリを見せる。イミテーションパターン（虫の外見に似せて巻いたフライ）や、ニンフ（水生昆虫の幼虫を模したフライ）を見せると、今、映像で見たものとそっくりのものが〈作りもの〉だと知って、第二の驚き。

「では、巻いてみましょう」

と実演。口を開けたまま、カメラで拡大して映しだされるフライタイイングを見る。別に苦労する様子もなくできあがる毛バリに、第三の驚き。

「それでは、君、やってみませんか。」

「えーっ、無理だって。」

「じゃあ、君は。」

しりごみする子どもたち。とても、自分には無理だろうと思っている。

教師の一声。

「ヤスシ。おまえがやれ。」

「何で！」

「いいから、やれ。」

しぶしぶフライフック（フライ用の釣りバリ）を持たされ、バイス（フックを挟む万力）の前に座る。手ほどきを受けて、一〇分後には毛バリができあがる。第四の驚き。

「これは君にあげよう。」

これは効く。もらえるものなら、あいつにできるものなら、俺も私も。トオルはすぐに飛びついた。何人かが巻いたところで、今度は釣りの話。

ところで、どうやって釣るのだろう。すなわち、水生昆虫の生態に合わせて釣るのだ、との話にすでに説得力が生じている。では、こんな軽い毛バリをどうやって、魚の鼻っ面に送り込むのか。子どもたちのうち何人かはルアーを持っている。重さのあるルアーならば飛んでいくが、こんな軽いものは無理だろう。

そこで、体育館でフライキャスティング（フライロッドとフライラインを使ってフライを遠くへ運ぶ技術）の実演を見る。「大和さん」は、ここぞとばかりに熟練のテクニックを繰り出し、子どもたちを釘付けにする。第五の驚き。細君もまたロッドを振る。女の人でもできるんだ、しかも、女の人の方が上手だ。第六の驚き。

こうして一連の流れをまとめ、最後に「大和さん」のお言葉。

「自然にもっと目を向けると、いろんなことが見えてくる。そうすると、自然が僕らのそばに無限にあることがよく分かるのだ。」（と、言ったと思う）

言葉に聞き入る子ども。学校の先生が同じ言葉を言ってもなかなか通じないな、と僕は思う。ついさっきまで、自分とはかかわりのない世界にあった人が、わずかの時間、何らかの問いかけをしたことで、何でもないことが実に大きな世界観を伴って自分によりかかってくる。もしかすると今日のことをずっと昔から知っていたんじゃないか。この人とも、前から知り合いだったんじゃないか。

この時、黒部川には明らかに生命が宿る。帰りの電車の窓に見る流れも、不思議なことに、どこか懐かしくなる。ずっと前からそうであったように、川は豊かな生命をたくわえてむせかえっているように感じる。

こうして、黒部川が子どもたちによみがえった。ここまで、どれだけの時間がかかったのか分からないが、恐らくは、まだ、取り返しがついたというくらいの時間なのだろう。

ほどけていくベール

児童会室はまるでアウトドアショップの様相を呈し始めた。校長先生は、きっと眉をひそめていただろう。しかし、何も言われなかった。置いてある道具の用途は、きっと想像さえできなかっただろうし、話の内容も理解できなかったに違いない。しかし集まってくる子どもたちの表情は、一様に明るく屈託のないものであった。そうした顔の嫌いな教師などいない。たとえ管理職でもだ。いろいろな部分がゆっくり変わってきた。

まず子どもたちの自然へのまなざしが違う。スタンスが変わった。一枚の鳥の羽でも、キーホルダーについた獣毛でも、フライフィッシングを通して見ることにより、どこかしら旧知の間柄になれるのだ。魚が水面で跳ねているのを見て、

「イマージャー（水生昆虫が羽化する途中の状態）を食べているのかな。」

などと小学生がつぶやく。

ヤブカと言って、手で払っていたものを捕まえて、

「ユスリカが出たな。」と言う。（ヤブカとユスリカは異なる。ユスリカは魚の大好物。）

釣り場へ直行せずに、少し高みから川の様子を眺めて、ライズ待ちの場所を決める。川に潜って、魚がエサをとる様子を観察した子どもが出てきた。夏休みの自由研究に、三年がかりで川虫の標本を作った子どもも現れた。家庭で川虫の飼育を始めた子どももいる。

それまで、自然は、子どもにとって生活の外に位置していた。「川へ行く」と表現していた。

「先生。川へ行ったら、橋の下に魚があつまっとったよ。」

そんな使い方だ。それが、今はこんな感じだ。

「先生。音沢橋でカゲロウのハッチ（羽化）があったよ。七時にならんにゃ、始まらんわ。」

具体的な場所で、具体的な表現になっている。川は当たり前。その先にあるものを表現し始める。

「この川に何おるがけ。」と言っていたものが、「ここなら、ウグイが産卵してもおかしくないね。」

である。

川はわざわざ行くものではなくなった。家の横を流れる川まで、生活圏がもとのように広がり、戻っていったのである。川は〈行く〉のではなく、〈ある〉ものに変容した。

それでも、家の人に止められる子どももいる。あからさまに、行ってはいけないとする親もいる。たしかに危険もある。いっしょに行ってやってください。僕は、そう頼むしかなかった。逆に、

「教えてやってください。」

「ありがとうございます。親が教えられないものですから。」

と言ってくる場合もある。そのうちに、

「実は僕もフライフィッシングをやっている。アダムス（毛バリの一種）を巻いたので、子どもたちにあげてください。」

ということまであった。フライフィッシングを子どもに教えたいし、いっしょにやりたいが、その困難さから躊躇しているという。

「先生、俺と腕比べんか。」

と挑戦までされた。固辞したが、やってみるのも面白かったかな、と今になって思う。

みんな、子どもといっしょに、もう一度川を向き始めたのだ。川だけではない。山も同じだ。自分たちがくらしているこの土地が、一番素晴らしいという気持ちになれた。新しい言葉を覚えて、

知識が豊富になったのではない。見えていなかった世界のベールが、フライフィッシングの世界から見つめ直すことで取り払われていった。

誰もがフライフィッシングを始めたわけではない。また、きっかけは別にフライフィッシングである必要もなかった。そういうまなざしがあることを理解した、それだけのことだ。なのに、山も川も帰ってきた。みんなの周りに帰ってきた。

最初の排砂《はいしゃ》

川の定点観測を続けていると、川の変化が妙に気になるようになる。

登校の途中で、川に大きな変化があると、さっそく朝の教室はその話題になる。秋の禁漁からしばらくたったある日、黒部川がすごい色をしていたと話す子が何人もあった。特に、毎朝、黒部川を渡って来る右岸の音沢の子どもたちが、「何か起こったに違いない」と興奮している。

同じことは僕も気がついていた。黒部川にかかる愛本橋を渡る時、必ず脇見運転をしているが、今日の川の色はおかしかった。緑色とも灰色ともつかない、子どもの言い方では、「絵の具を全部混ぜた色」をしていた。何だろう。まったく考えつかない。その日は、雨が降っていたため、それきりになり、川へ確かめにいくこともなかった。

二、三日後の新聞に、黒部川河口部付近の沿岸ワカメ養殖が、ヘドロの被害を受けた記事が載った。

これだ。あの妙な「絵の具を全部混ぜた色」の正体は。

上流の出平《だしだいら》ダムは、ダム湖の底に溜まった砂を、ダムの底のゲートを開けて排出する、排砂式ダムだ。もともと黒部峡谷は土砂の崩壊が激しく、黒部ダムも土砂の流入による有効貯水量の実質的な減少に悩んでいる。出平ダムは、数年ごとに排砂することで有効貯水量を維持できる仕組みがとられた。流れた砂は、富山湾沿岸の浸食被害を緩和する、とされた。実際、僕の町の海岸はこの数十年激しく後退している。ダムができて初めて排砂ゲートが開けられたのが、これであった。

電力会社では、黒部川の水温や溜まる土砂の種類から、土砂がヘドロ化することをいくぶん楽観的に考えていたようである。しかし、有機物を含みヘドロとなった土砂は、黒部川を流れ下った。海に出て、養殖ワカメにつくなどし、漁業被害が問題となった。補償の交渉がもたれた。かなりの時間の検討と協議により、排砂には事前通告が必要となり、その量にも限度が設けられた様子である。

ヘドロ流出の数日後、河原に立った僕たちの表情は暗かった。子どもたちが感じた異常は、それはたしかに異常であった。一時的に増えた水が引いた河原には腐った海草のようなものが一面に残っていた。これがヘドロの本体か。手にとると腐敗臭が感じられた。それだけでも、気分を滅入らせるには十分であった。

川の流れに近づき、いつものように石を裏返すと、トビケラの巣にヘドロが付着していた。ヘドロの中で、幼虫がうごめいていた。その様子がずいぶん息苦しいように思えて、悲しい気持ちにさせられた。いくつもの石を持ち上げる度に、悲しみは次第に深くなっていった。

最初のうちは、ヘドロをつまんで取り除いていた子どもたちも、はてない作業にその意欲も失せてきた。何をどうしても手の及ばないもどかしさ。冬が近い、冷たい水にただ川面を見つめてたたずんでいた。

「帰ろう。」

黒部川を背に、ブルドーザーでならされた河原を横切り、工事用道路の護岸をよじ登り、荒涼とした土捨て場のフェンスをくぐり、発破で破壊された岩石を踏んで学校へもどる。それまで特に心を傷めるでもなかった、無残に捨てられたごみが、心をちくちく刺した。

河原と集落を隔てる河岸段丘崖は、もともと「ごみ捨て場」のようになっていた。生活から出て来るあらゆる種類のごみがそこに投げ捨てられていた。自転車、テレビのような粗大ごみから、生活ごみまで崖一面を覆い尽くすように放置されていた。だれが捨てたのか。だれでもない。みんな少しずつ心当たりがある。そういう時代もあったのだ。

「先生。これでいいのかな。」

「俺にはわからん。答えを出すのは、ここに住む君らだろうよ。」

「たまらないよね。」

「うん。たまらない。」

卑怯な答えかも知れないが、こういう言い方しか僕にはできなかった。今ある問題を何とかしようせずに、次の世代につけを残す。そういう言い方しかできない。ただ、この悲しみを知った子どもたちが、同じことを繰り返すとは思えない。希望はそこにある。

この「ごみ捨て場」も、土捨て場の拡大とともに地中に隠れてしまった。そうやって、禊《みそぎ》が済まされていくのか。これまでも、そうやって済まされてきたのか。これからも、済まそうというのか。

それでも川へ

悲しくとも直視しなければならない現実があり、忘れてはいけない心情がある。今は、ともかく、目の前の自然に向き合おうと覚悟した。

野外活動クラブは、四年生から六年生までを相手に、自然の楽しさを味わおうとするクラブだ。クラブに入って来る子どもの目当ては、ほとんどが釣りである。最初の頃は理解が得られなかったが、いろいろとやっているのが噂として伝わり、三年たって宇奈月小学校の看板クラブになった（と、僕は思っている）。このクラブで一年過ごしたことが、子どもたちにとってのちょっとした自信や自慢になりうるらしい。

渓流釣り一般から、アウトドアの技術までを広く体験するのだが、ごみ袋の合羽を着て、レジ袋を頭にかぶって、雨の中をうれしそうに歩いていたとか、中庭の小石を中華鍋で熱して石焼き芋を作っていたとか、ウラヤマの探検で泥だらけになって帰ってきたとか、そうした姿を子どもたちが見て、そのうえでこのクラブを選んでくれる。

フライの先生「大和さん」は、ある日、クラブの先生としてやって来た。今回は、実際にフライフィッシングを見せ、そして、体験してもらおうと企てた。

児童玄関に集まった子どもたちを前に、「大和さん」はこう述べた。

「気をつけて、やりましょう。」

これが、これだけの言葉が重いのである。いみじくも、ある子どもが言った。（リョウマというかっこいい名を持つ。）

「本村先生の師匠というからには、大変な人に違いない。」

実際にはそうたいした人ではない。その辺のフライマンと変わりない、ただの人である。しかし、そのただの人が大きな意味を持てるのも、フライフィッシングが持つ自然とのかかわり方をよく示す例か。ここでも、彼は見えない世界へ至るナビゲーターを演じた。

雨が降った後で、水量は少なくない。黒部川の支流、音谷《おとだに》川の出会い付近は、このところの雨と新柳河原発電所の完成に伴うと思われる放水などで、本流がいくつにも枝分かれし、普段は釣りにならない右岸も、いい感じの流れになっている。

「大和さん」は、やおら竿を取りだし、河原へとはやる子どもたちになにやら声をかけながら、ウエーダー（釣り用の長靴）を履き、自分で組み上げたというフライロッドにラインを通し、河原へ降りて行った。

雨は少しずつ強くなり、いつもならば嫌になりそうな、うっとうしい天気だが、子どもたちの期待感はそれを陵駕している。

走り出した子どもたち

河原に下りた「大和さん」は、その辺りの何人かの子どもをつかまえて、ロッドを渡し、こうやって振るのだと指南を始めた。子どもたちはおっかなびっくりしながらも、柔らかな感触のロッドの力で、ラインは美しいループ（半円の飛行形状）を描き、フライは川の流れにのせられた。

「先生。フライ、やらしてもらったよ。」

雨もまったく気にならないのか、フードをはね上げ、屈託のない笑顔で叫ぶ。何人かの子どもは、川底の石を丹念にひっくり返している。

「先生、ここ川虫おらんよ。」

「ほう。どうしてだと思う。」

「水のせいかな。」

「普段、流れのないところでは、きっと川虫が棲めないんだろうね。それじゃ、あの下のプール（淵）へいこうか。」

言うか言わないかのうちに、言葉は風に伝わり、子どもたちを目的地に走らせる。

音沢発電所前のプールの流れ込みで、「大和さん」が釣りを見せる。はやった子どもたちが不用意に近づき過ぎた後である。期待は薄い。

「川へは、できるかぎり近づかない方がいい。魚はすぐにこちらの姿を見つけて身を伏せてしまう。」

決して饒舌ではない彼の言葉に、子どもたちの間に反省の空気が漂う。同時に、とんでもない知恵を手に入れたような表情で「大和さん」を見つめる。何度かのプレゼンテーションを真剣な眼が捉える。一回、二回、三回。警告通り魚は身を伏せてしまっていたのか、川はまったく反応を見せない。ふっと「大和さん」が振り向いた。力を抜いたその顔に、子どもたちはもう一度後悔するのである。

さっそく、その日の午後、音沢の橋の下には何人かの顔が並ぶ。音沢の子どもたちは、タニゴ（音谷川を地元の人はそう呼ぶ）をさかのぼるのかも知れない。サンナドツマキと呼ばれる崖下の大きな淵には、ライズを待つ子どもが、自分で作ったフライを信じながらたたずむのだ。さらに、宇奈月谷では、堰堤下のプールに眼を凝らすものもあったに違いない。

そして、翌日の朝、ちょっとした興奮を抱えて登校し、のんびりと出勤する僕の顔を探すのだ。そして、あいさつをするよりも早く叫ぶ。

「先生。釣れたよ！」

第三章

最高の幸せ

ヒロシの幸運

このシーズン、一番いい釣りをしたのは六年生のヒロシだった。ヒロシは、僕が担任していた子どもたちに混ざってこれまでもいっしょに釣りをしていたのだが、六年生の今年、宇奈月小学校で最も〈釣れる〉男になった。

ヒロシは黒部川に沿った音沢という地区に生まれ育った。毎日黒部川にかかる橋を渡って学校へ通って来る。プールで泳ぐよりも川へ飛び込む方が好きだし、山へ登るのもサル並みとはいかないが達者である。妙なことをよく知っており、釣り場情報にもくわしく、県外ナンバーの車に敏感で彼らの釣果まで観察し、報告してくれる。少しでも時間があれば川に出てぶらぶらしているらしい。

もちろんゲームも得意だ。子どもの中では、自然の遊びとゲームは完全に同居している。「遊び」の枠の中で分けられることなく、子どもの生活に取り込まれている。外に出られなければ、ゲームの画面にぶらさがることもある。ただ、それだけのことだ。今の子どもたちがそのことでエイリアンのような言われ方をする由はない。

これまでも何人かの子どもたちが釣りに夢中になった。が、フライロッドを持ったのはヒロシが最初だった。毛バリ釣りならこれまでも何人かがやってきたが、エサ釣り用の渓流竿—子どもたちはこれを〈渓流〉と呼ぶ—に、ニンフパターンのフライをつける子どもがほとんどで、大和に借りたままのテンカラ（和式毛バリ釣り）竿を振るヤスシ以外は、ルアーが中心だ。

親がフライフィッシングの愛好家でもないかぎり、経済的な理由から子どもがフライロッドを持てるチャンスは少ない。だから〈フライで釣りたい〉と考えた子どもは、〈渓流〉に毛バリをつけるか、さもなくば、ヤスシのように黒部川伝統釣法のテンカラをやることになる。

しかし、ヒロシは親戚に恵まれていた。母親筋の親戚が釣り具店だったのだ。一本や二本はフライロッドの在庫がある。さらに幸運なことに、この地方で唯一フライマテリアル（毛バリを巻く材料）を売る店が、親戚筋と提携関係にあった。ヒロシはゲームのための貯金をあてて、フライロッドを始めとする「フライフィッシング入門セット」を手にすることができたのである。次いで、彼はタイイング道具も手に入れた。

あこがれのフライロッド

ヒロシより先にフライタイイングの道具を手に入れ、毎日児童会室で僕に教えを乞うていたヤスシは、その熱心さのあまりひとつの机をあてがわれていた。ヒロシはその机の一部に権利を獲得したらしく、募る思いからバイスだけ買ってしまったカズヤのものと合わせて、狭い机に三つのバイスが並んだ。マテリアルは厳格に所有権が主張されているようで、ケースにはフェルトペンでそれぞれの名前が書かれていた。

ヒロシのフライロッドは垂涎の的となった。大和先生がやっていたあのダブルホール（フライキャスティングの高等技術）をヒロシがやるのだと思うと、夜も寝られない子どももあるらしかった。

ヒロシはシーズンが始まるまでタイイングを学ぶことにし、僕がフライを巻いていると必ずやって来ては、その様子をじっと見てゆく。その熱心さは、これまで彼が経験したあらゆる学習の中で、最も集中力が高められているに違いなかった。フライフィッシングの本も買ってきた。高価な本である。この本、君が読むの、と店で聞かれたそうだ。

先にタイイングを始めたヤスシと重ならぬよう、ヤスシはドライ（水面上に浮く毛バリ）、ヒロシはウェット（水面下に沈める毛バリ）と役割を分けたらしい。何しろ、本当にフライロッドを持っているヒロシがフライで魚を釣り上げることは、フライはあれども竿はないこれまでの閉塞状況をいっぺんに変えてしまう力を持つのだ。「ヒロシに釣れるものなら、俺に釣れぬはずがない」ということだ。

小学生にフライフィッシングができるのかという疑いは、親はもちろん子どもたちの心にもある。

ヒロシが成功することで、己の手にフライロッドを握らせる結果を導き出せるかも知れない。

ヤスシはすでにこの時点で、フライロッドを我が手に持つための内職を始めていた。彼の巻いた毛バリはなにがしかの金銭で取り引きされていた。最初は、あまりいい出来だと思われていなかったが、僕が巻いたディアヘア・カディス（ドライフライの一種）より明らかによい作りのものが現れ、さらにそのことを僕が認めたものだから、「ヤスシ・メイド」の信用は急に上がった。受注も生産量も飛躍的に増大した。

生産量が増加し、フライパターンのバリエーションが増えるにつれ、子どもたちにとって、最も困難になってくるのがマテリアルの入手だった。僕が心配していたのはこれだ。自分にとっても高価なマテリアルを、ほいほい子どもたちにやるわけにもいかない。思案のいるところだった。

が、子どもたちは問題解決の見通しをすでに持っていた。

キーホルダーについた獣毛、母親の裁縫箱のキラキラ光る糸や紐。河原や林に落ちているトンビの羽根やキジの尻尾。クジャクを飼う家でもらった各種の羽根。学校がちょうどキジの通り道になっているらしく、年に二、三羽窓にぶつかって死んでしまう。ヤスシの父は調理師で渓流釣りをやるために理解が早く、うまく羽根を分けてくれたので、丸ごとのキジが手に入った。その他にもスズメやハトやカラス、何だかよくわからない毛や羽根など、とにかくさまざまなマテリアルが集まった。

フライのパターンブックを見ながら、この部分はよく似たこれで代用して、という調子で、本物とは似ても似つかぬ、それでいて思い入れたっぷりのオリジナルフライが次々と生まれ、そして、取り引きされていく。作った人物によって、交換レートが決まっているらしく、このところヤスシ高傾向が続いていた。

先生、何とかしてよ

冬のある日。宇奈月温泉の一角にある宇奈月公園の池に放された魚を、その一日だけ無料で釣ってよいという催しの案内が届いた。

周囲五〇メートルばかりの小さな池だが、一年を通じてニジマス、イワナ、ヤマメ、コイ、フナなどが放されている。わざわざ回覧が出て、「各小学校の子どもたちの参加に配慮ください。竿と餌は用意してあります。」と書いてあった。

川はまだ禁漁期だから、これはよい腕試し、とみんな喜んだ。あまり宣伝していなかったのか、結局集まったのは宇奈月小学校の子どもたちばかりである。観光客もいない。しかし子どもたちの期待は高まっていた。

ところが、この催しのために主催者が用意されたのは、竹だった。竹竿ではない。竹である。雪囲いに使う立派なものだが、見事なまでにまっすぐで太い。その先に提灯釣りをするくらいの糸とハリがついているだけ。エサはイクラ。

これが「用意」か。どうせ子ども相手だ、こんなもので十分、釣れるものなら釣ってみろといわんばかりの傲慢さが見てとれる。子どもに使わせるのには、一般向けよりも周到で入念な配慮が必要なのに。傲慢というより、きっとそのこと自体を知らないのだろう。

開始時間の三時を少し過ぎ、僕が息子のうちの二人を連れて公園に着いた頃には、子どもたちはふてくされていた。あれだけ楽しみにしていたのに、ちっとも楽しそうではない。冬だというのにフェーン現象で気温は二〇度近くにもなっている。蒸し暑さが余計に子どもたちのイライラを誘っているようだった。

子どもたちの何人かは、ルアーロッドをあきらめて竹で釣っている。そして、竹の先の糸には、係員にもらったイクラがぶら下がっている。

「先生、ルアーはだめだって…。」

「自分の竿もだめだって…。」

「そうか。竿はいい。俺から使えるように話してやる。俺のフライやるよ。これをつけな。ニンフがいいかな。ウェットも少しならある。」

「ヤスシがツケで売ってくれたよ。ほら、リーチパターン（ヒルを模したフライ）。」

「なんて野郎だ。こうわくさい（生意気という意味）」

と思わず笑ってしまう。

そのヤスシが、釣れないとブーブー言っている。彼がテンカラ竿を振る度に、

「そいもんじゃ（毛バリじゃ）、釣れんちゃ。」

と主催者の係員の声が公園に響く。悪気はない。自分の知らない世界を受け入れていないだけだ。ヤスシはこの日のために、前夜いつものように押し入れの中で毛バリを巻いてきたのだ。ああもあろう、こうもあろうと思いを巡らせ、作った毛バリの中からヘアーズイヤー・ニンフ（野ウサギの耳の毛で巻いたニンフ）を選んでいた。だが、大人の好奇の視線が、これまで貯えた彼の自信と想像力を奪い取り、釣りを硬直させたらしい。

色黒の彼の白い眼が悲しげに訴えていた。〈先生、何とかしてよ…。〉と。

「ヤスシ。竿、貸せ。」

彼のテンカラ竿を取り上げると、僕は毛バリをフェザントテール・ニンフ（キジの尾羽で巻いたニンフ）に替えた。

「パパ。お魚釣るの。」

二男のショウヘイの声が無邪気に響く。その無邪気さと裏腹に、僕は緊張していた。

僕は、ここに集まった子どもたちの最後の望みである。大人たちの常識への最後の挑戦である。いつもより慎重に、確実に毛バリを結んだ僕は、大和が製作したテンカラ竿を厳かに振った。なま暖かい空気が揺れて、一瞬冷たい気配が漂った。

のんびり群れて泳ぐニジマスの鼻先に落としたニンフを、軽く動かしながら竿先を立ててゆく。すると、魚が追ってきて足下で反転した。

「パパ！　お魚だ！」

長男のキョウヘイの声が飛ぶ。

みんなが祈っている。何を？　慈悲深い魚が毛バリをくわえてくれることを。僕らが信じてきたものがまやかしではなく、本当に力を持ったものであることを…。

二投目、一投目と同じ場所に落ちた毛バリを魚がくわえた。

「きたーッ！」

すぐ横にいたヤスシが叫んだ。周りにいた人々の目がいっせいに集まる。ぞくぞくするような視線を感じながら、魚を手元に寄せる。

〈釣れた！〉

気持ちが昂ぶった。釣れたのはイワナだ。空気がゆるんだ。解けていく緊張の下で安堵の息を吐きながらも、常に周りを鼓舞することを忘れないのは職業意識か…。

「こんなもんさ。」

恐ろしく軽く言い放ってみると、子どもたちの活気がよみがえった。僕がテンカラ竿を使って魚を釣ったのはこれが初めてなどとは、子どもたちの誰も気づいていない。息子たちも興奮している。

イワナから毛バリを外し、そっと池に返してやると、また空気が揺れた。大人たちの戸惑いの息が伝わったのだろう。

毛バリをつけた子どもたちの竿が次々としなり始めた。ヤスシも、カズヤも、自分が巻いた毛バリで初めて魚をかけた。妙な竹でも釣りである。心は魚に乗り移る。

今度は大人がじりじりする。イクラにはなかなか掛からない。高慢だった態度が次第に卑屈な表情に変わってゆく。

「先生。その毛バリ、くれんけ(くれないか)。」

大人は悲しいことにそんな手を使った。だが、僕のフライボックスは閉じられたままだった。このフライボックスは子どもの夢に使うものだ。

子どもといっしょに渓流へ

その後、僕が作った毛バリ同様、ヤスシの巻いた毛バリも評価が高まった。なによりも〈毛バリで釣れる〉ことへの信頼感が絶大なものとなった。

二月。雪が少なかったこの冬は、大好きなクロスカントリースキーもできず、僕も多くの子どもたちも、ただただ渓流の解禁を待っていた。

タイイングの道具を借りては毛バリを巻く。みんな、自分で作った毛バリで魚を出すことが最高の幸せであることに気がついていた。ヒロシのようにフライロッドを持つことはできなかったが、いつの日にか使う毛バリを巻くことで、「釣り」を感じていることができたのだ。児童会室にはフライフィッシングのビデオが流れ、パターンブックが積まれ、フックは飛び散り、マテリアルは今にも喘息を引き起こしそうであった。

三月。黒部川は彼らを少しばかり暖かく迎えてくれた。六年生は、中学校へ進むと放課後の部活動でとても釣りに行けそうもないことに気づいており、今のうちにと川へ通いつめた。解禁当初は気温が低く水温も冷たかったが、暖かすぎた冬は例年よりもいくぶん早い雪代《ゆきしろ》（雪どけの冷たい水。わずかに緑がかる）を呼んだ。ルアーでは釣れたが、毛バリでは釣れなかった。

三月中頃のある日、ヤスシが職員室へやって来た。

「先生。釣りに行きませんか。」

土曜日である。

「よし。行くか。」

「じゃあ、めし食って一時頃来ます。あ、それから、ヒロシがフライロッド持ってくるそうです。」

「おまえはどうする。」

「テンカラ持って行きます。」

「釣れんかも知れんな。」

「それでもいいです。」

「そうか。」

ヤスシ、ヒロシ、カズヤの三人を連れて、小川の支流、舟川に入った。小さな川の小さなポイントでのんびり釣りたかったのだ。温泉の駐車場にクルマを置き、数分歩いたところから釣り始めた。風は冷たく強い。正直なところ、まったく釣れそうな気配がない。

しかし、まだ少し雪が残る川辺に立つと、どことなく春の匂いがしてくる。それは、その土地やそれぞれの人に固有のものらしく、子どもたちは分からないという。きっと彼らには彼らの春があるのだろう。わずかな春が彼らの竿にかかってくれることを祈りながら、小さなポイントを探ることにした。

初めて釣り場で扱うフライロッドに、ヒロシは難渋した。釣るどころではない。竿先からまともにラインが出ないのである。谷合いで風の弱いところを選んだつもりだが、彼の未熟な技術ではもてあましているようだ。ヤスシは、テンカラ竿に僕のお下がりのフライラインをつけ、ニンフをしきりに打ち込んでいる。カズヤは、最初から〈渓流〉にニンフを付けた。彼の得意のパターンなのだ。

一〇分もたっただろうか。川の対岸を除雪車が走ってきた。日陰になるところにはまだクルマが通れないくらいの積雪がある。〇〇建設と書かれたその重機は、一気に雪をかき分けた。そして次の瞬間、バケットいっぱいの雪が、僕らが立っているわずか三〇メートルほど上流の流れの中に捨てられた。あっという間に、川は埋まった。水が無くなる。

「道路に上がれ！　早く！」

子どもたちは何が起こったのかよくわからないまま、竿を抱えて逃げ出した。逃げるが早いか、雪の堰堤はあっという間に崩壊し、川は濁水であふれた。危ないところだった。唖然とする僕。次々と呪いの言葉を除雪車に吐きかける子どもたち。これでは、とてものんびりした春の釣りなど望めない。

「しゃあないな。キャスティングの練習でもするか。」

川の流れる台地から三キロほど離れた黒部川の河川敷に、宇奈月町の運動場がある。アーチェリー場として整備された芝生の広場はキャスティングにぴったりである。この季節、まだ人はいない。今日は釣りをするよりもそちらの方が面白そうだ。

僕らの竿、僕らの夢

ヒロシの腕前がどれほどのものか知るために、一度振らせてみた。ラインが足下にくるくるとたまってゆく。どうも本で読んだようにはうまくゆかない、ヒロシがそんな顔で振り返る。僕は、そんなもんさ、と笑顔で答える。

ヤスシが竿を取り上げて振ってみる。ヒロシよりはいいのだが、それでも満足なループにはならない。どうも勝手が違うようだった。彼らはこれまで学校の体育館でしかフライキャスティングの練習をしたことがない。狭いところではうまくいったものが、広い場所ではダメなことはよくある。風の影響もあるのだろう。

ヒロシは考える。僕の道具は先生の道具に比べて性能が悪いのではないか…。何か不都合のある道具だったのではないか…。たいした知識もなくこういう欠陥品をつかまされたのではないか…、と。

僕が自分の竿でぐんぐんラインを引き出すたびに、彼の疑念は高まる。僕もここぞとばかりにがんばる。名ばかりの春の風を切るように、夕暮れの西の空に向かって、ラインは伸びる。初めてフライロッドを振った時のことを思い出した。あの時は、青空に浮かぶ恵那山に向かってラインが進んだ。

「ヒロシ。その竿貸してみろ。俺が振ってみるよ。」

そう言われたヒロシは、複雑な表情をした。自分の道具に決定的な評価が下る。もし、本当に具合の悪いものであったとしたら…。それは、彼の竿に憧れをもつすべての子どもたちにとっても深刻な問題である。宝物がただの土くれであると告げられるのは、宝物を失うよりも辛いことだ。ヤスシも、カズヤも、証人としてその場に立っている。真実を皆に告げねばならない義務がある。

自分の竿でそうするのと同様に、僕はラインを引きだし、軽くキャストした。悪い竿ではない。ラインをさらに引き出して、ホール（ラインを手で引いて勢いをつける技術）を加えてみる。出る、出る。それなら、と下手な腕前いっぱいのロングキャストを試みた。

こんな場面で、不思議に、何者かが僕を応援し、後押ししてくれる力を感じる。僕を彼らの夢の礎《いしずえ》のように装ってくれる大きな力を感じる。そして果たせるかな、この時も能力以上のいいキャストだった。ループが美しく伸びていった。それは、決定的に、宝物がやはり光り輝く至宝であったと語っていた。

ああ、やっぱり僕らの竿は、僕らの夢をかなえるに十分な性能を持っていたのだ…。子どもたちはそう思ったに違いない。そして、自らの技術の未熟さを嘆き、さらに次の瞬間、いつの日か繰り出す素晴らしいループを思い描くはずだ。

ようやくヒロシにとってのフライフィッシングが姿を見せた。

忙しい子どもたち

季節が上向きになるにつれて、釣果も次々と聞こえてきた。音沢へ行けば、どこかに子どもたちがいる。僕はときどき、見回りと称しては、釣り場に出かける。幸いなことに、僕は音沢地区の地区担当である。こじつけに近いが、大義は立っている。

この地域は共稼ぎ家庭が多く、夕食は七時近くになるのが普通である。学校は四時か遅くとも五時に終わるから、子どもたちは夕食まで最低でも一時間、最大三時間ほどの時間が作れる。

もっともここ宇奈月でも最近の子どもたちは忙しく、スポーツ少年団やスイミングスクール、学習塾、ピアノなどの習い事で放課後のスケジュールがぎっしり詰まっている。そこを何とかやりくりして釣り場に向かう。放課後は子どもたちの権利である。

釣りに向かう子どもたちはすぐにわかる。朝の川の情報、県外ナンバーの分布状況、僕から引き出した話、ここ何日かのヒットパターンが給食後の短い休み時間に交わされている。五時間目、六時間目と授業がすすみ、放課後が近づくにつれ、そわそわと外を気にするようになり、落ち着かなくなる。彼らは教室の窓から見える山の様子と風向きで、短期の天気予報ができるのだ。

雨でも釣りに行こうとする子どもは少ない。そもそも子どもは雨具が嫌いで、そんなものを着るくらいなら濡れた方がマシだとも考えているらしい。雨が強くなれば川には行かない。状況判断で面白いものを選択する。苦あれば楽あり、などとは考えない。苦とか、楽とかは打算である。

子どもたちは直感的に適切な選択をする。僕もそんな風に釣りができたらどんなにか楽しいだろうと思う。悔しさも持たず、ただただ川に立つことの楽しい思い出だけを積み上げることができたら、と。

放課後、教室を飛び出した子どもたちは、思い思いの釣り場に向かう。考えてみると、釣り場が持つ雰囲気は、どことなく僕が子どものころ作った〈基地〉に似ている気がする。

僕の家は北陸道の宿場町の面影を遺す小さな町にあった。街道筋には間口の狭い妻入りの家が連なっていた。日当たりが悪く、部屋の電灯は一日中つけられている。家の裏は水田で、遊びは街道の裏筋にあたる「せど」と田んぼで展開されていた。中でも、国鉄北陸本線の脇にあった空き地は、いわゆる「たまりば」であった。なぜか空き地の真ん中には、庭石ほどの石がいくつも積み上げられ、石の隙間は子どもが何人か入れるほどの広さがあった。

そこに基地を作った。ウルトラ警備隊の基地、サンダーバード基地が欲しかったのだ。ベニヤ板や古タイヤを集め、刈り取ってきたススキの穂で基地は整備される。基地の寿命は短く、その夜の雨や風、上級生の襲撃で破壊される。しかし立ち直りは早く、翌日あっという間に修復される。天才的な施工技術を持つ者が棟梁となり、子ども集団の要望を次々と実現していく。

黒部川の釣り場が、そういう様子をどこかに漂わせ始めた。子どもたちがそこにいなくても、彼らの思いは消えることがない。僕などはお客扱いである。それが本当だ。教師と子どもたちが同列であるわけがない。子どもたちの仲間には到底なれないのだ。

ヒロシがついに

そうこうするうちに、ついにヒロシがドライフライで魚を釣り上げる日がやって来た。

六月のある日、ＰＴＡの会合のために学校に残っていた僕に、電話がかかってきた。ヒロシの母親からである。その日の会合は、ヒロシの母親が委員長を務める広報委員会である。時間が迫っていて家を出たいが、息子が帰らないという。もう七時を過ぎ、初夏とはいえあたりはすっかり暗くなっている。しかたがないので家を出るが、会合には遅れるかもしれないという。

その時、音沢橋の下でニンフを沈めるヒロシの姿が思い出された。母親は勤めの帰りにそこを見たがいなかったという。ことによると、タニゴに入ってクマにでも襲われたのではあるまいかと心配するのである。実際、歩いて三〇分くらい入ったところでクマに出会った人も最近あった。

電話はそれで切れ、責任感の強い母親は学校へ来た。会合が始まり、僕はそっとその席を離れ、ヒロシの家に電話を入れた。果たせるかな、彼はいた。電話の声が僕だと判ると、

「先生。釣れた、釣れた。ドライで。ほら、この間作り方教えてもらった…。」

息が伝わる。

「うん。アダムスか。」

「そう。それ。タニゴの出合いで、一〇匹以上釣れた。ばんばんライズしてたんで投げたら、ぽんぽんかかった。すごかったじゃ。」

「イワナか？」

「ウグイ。」

歴史の幕はたしかに開いた。

「すごいよ。ポトンと落ちたら、すぐばくーってくるん。」

彼の話はとどまることを知らなかった。濁音の擬音がやけに調子よく響いた。それは僕が、母親がヒロシの帰りを心配していたことを告げるまで続いた。

ライズを釣ったというヒロシの噂は一気に広まり、フライロッドを持たない子どもたちは、ああ

もあろう、こうもあろうと想像に夢を膨らませていた。

その後のヒロシは、彼の手持ちのリーダー（フライを結ぶ先糸）をすべて使い果たすまで、毎夕方のライズを楽しんだ。テンカラのヤスシは、たとえヒロシのキャスト能力が彼のテンカラとてんで変わりなかろうとも、ヒロシはフライフィッシングであるという一点において、敗北感を味わっていた。

新しい季節を迎えて、今、子どもたちは思い思いに準備しながら、来るべき時を待っている。次の幸運は誰に来るのだろう。人に触れ、自然と語り、向き合い、自分が何者か考えたとき、これまで見えなかった世界が少しずつ見えるようになってきた。

どこにでも学校はあって、どこにでも教室がある。子どもたちの毛バリに飛びついた一匹の魚が偉大な教師になることだってあるのだ。そんな時僕は、自然の慈悲深さに首を垂れる。

第四章

池を作る

冬来たりなば

ヤスシの年賀状には、「もうすぐ解禁です」そう書いてある。これからが本格的な冬だというのに、彼の心は初春の渓にあるのだ。僕は、これから始まるテレマークスキーの季節に心奪われているのに、このひたむきさ。ヤスシに幸運が舞い込んでも、ひがむわけにはいかない。

彼は、三月から九月までの釣りの季節をシミュレートしながら、押し入れのタイイングルームで毛バリを巻いているに違いない。中学生になったヤスシとは顔を合わせることも多くないが、会うたびにいい話ができるのは、僕が持つ風景と彼が持つ風景がきっと同じせいだろう。水、石、光、音、風、そうしたいくつかの要素が根本的なところで同調しているのだ。それは、フライに憧れながらルアーを引くススムや、エサ釣りもうまくなったコウキにも言えることだ。

人が思うより、雪国の生活は楽しい。僕は雪の夜の読書が小さい頃から大好きだった。風のない夜、北陸特有の湿った雪がぼたぼたと空から落ちてくる。家や野に積もった雪がふかふかの布団のように音を包んでしまい、さらに地面と雲の隙間をぼたん雪が敷きつめて、あらゆる雑音が吸収される。隣の銭湯の天窓からほのかな光がこぼれる。ときどき、洗面器の音なのか、甲高い音が、ずっと遠くにある鐘の音のように響く。

冬のある日、夕刻近くなった教室で、何人かの子どもたちが真剣に毛バリを巻いている。窓には冬のぼんやりとした夕暮れが迫っている。雪たちが青白く輝き、大きなストーブの音がどことなくもの悲しく響いている。どこへ帰るのか、渡り鳥の一群が決まって黒部川の奥を目指す。雪は強く降るでも、弱く降るでもなく、景色を包んでいる。こんな時間が僕は大好きだ。

教室の主役は、子どもたちである。教師は、ときどきやって来ては何事か話をしてゆく、富山の薬売りみたいな、そんなものかも知れない。よく知っているのだけど、それでいてどこから来て、どこへ行くのかわからない。

ムーミンに出て来るスナフキンがそんな感じだ。川辺に住み、詩を吟じ、釣りに興じる。スナフキンに終《っ》いの住処はない。そんな教師になれたらいいな、と思う。今向かい合っている子どもたちばかりでなく、僕を求めてきた人すべてに同じように接することのできる教師になりたい。

主役がいなくなった後の教室は、妙に寂しい。彼らの気がどこかに残っていて、それがまた寂寥感を募らせる。それは、教室の主役が誰かを暗示しているようで、逆に、妙に嬉しくなってくる。

サンタからの贈りもの

去年の暮れまで、たくさんの子どもたちの気持ちに応えるには、タイイングのための道具やマテリアルが、慢性的に不足していた。そのことを遠い空の下で聞き耳を立てていてくれたのか、サンタクロースから段ボール箱が送られてきた。あるフライマンが好意で送ってくださった。中身は、僕たちが欲しがっていたものばかりである。

半端なものや使い古しのはずのそれらは、子どもたちの夢に形を与えるに十分だった。お正月には、あるフライショップがハックルケープ（ドライフライに使うニワトリの首の羽根）を大量に提供してくれた。レジで子どもとフライフィッシングのことを話したら、「持っていきなさいよ」と段ボールに一箱持たせてくださった。クラブ活動や、ときどきの〈フライ教室〉に限られていたタイイングが、これをきっかけに開放された。ここへ来れば毛バリが巻ける。どこからか持ってこられた古い机が、タイイングテーブルとして蘇った。

それからというもの、絶え間なく子どもたちがやって来る。休み時間になった途端に、足音が近づき、バイスの取り合いが始まる。わずか一〇分の休み時間が終わる頃、チャイムを聴きながら中腰でヘッドセメントを塗り（タイイングの仕上げ工程）、自分の教室へ走っていく。クジャク羽根のボディを巻きながら、あーっとか何とか叫びながら、泣く泣く手を放してしまう。そのうち時間感覚に慣れ、一回の休み時間に一〜三工程ずつ進め、午前中で一個の毛バリを仕上げる。

しかし、それではバイスの占拠時間が長いので、順番取りになる。結局自分用のバイスを買ってしまった者も少なくない。隣町になる黒部市の釣り具店では、お年玉の季節にけっこうな数のバイスやタイイング道具、マテリアルが売れたはずである。その理由はいつもお茶をごちそうしてくれるお店のおばあちゃんには、ちょっとわかるまい。

放課後は、何人かの決まった子がそれまでの時間と比べてずっと静かになった教室で、思い思いの毛バリを巻く。他の子どもたちの熱病のような浮かれ方とは異質の気が漂う。一巻き一巻きに思いを募らせ、毛バリ一本に想像力を託した時、子どもたちは自らを「フライマン」と名乗る。毛バリのことを語る時、いつになく饒舌になり、川の春を思うとき、恋よりも先に胸のときめきを知ってしまうのだ。

イワナがおったらいいな

春を待つのは子どもたちばかりではない。タイイングに疲れた目を休めるために窓際に立つと、すぐ下に大きくはないが、いかにも小学校らしくブランコの脇に池がある。今は雪に埋もれて、その下にどんな世界があるのかを隠している。この池が南庭自然観察池と名付けられたのは、その二年前のことであった。

黒部川に興味を持ち始め、土捨て場として最初の姿を大きく変えていた河原に、定点観測的に繰り返し出向くことが続いていたその頃、世界で最初の試みと言われる出平ダムの底に溜まった土砂の排砂が行われた。水はその色を大きく歪め、あっという間に柔躙された河原が、悲しそうな表情で、堤防を駆け下りてきた僕らを迎えた。本当にこの悲しさがいつまでも続くのかと思えてきたことが、僕らの気持ちをいっそう暗くした。

打ちのめされたように学校に帰ると、そろそろ帰り支度を始めた子どもたちとぼんやりと昨日のテレビ番組の話をしながら、窓の外の暮れゆく初冬の一日を眺めていた。その時、これまでそれほど意識していなかった池が目に入った。

その池は、なんでも宇奈月小学校が建設された二〇数年前、建設業者の寄付によって作られたらしい。宇奈月町の自然を演出できるように石の種類や配置、水の流れ、植生まで、再現とはいかなくても、よく考えて設計されていると聞いていた。

今は実際その池に水はなく、水があったときの様子もはっきりと記憶している人はなかった。長年の落ち葉が堆積し、土くれに化け、大きな雨の後の水溜りに泳ぐアメンボをときおり子どもたちが追いかけているばかりである。冬が近い今の季節は、誰もその池の周りで遊ぼうとはしなかった。

ふと、後ろで声がした。

「そこの池にイワナがおったらいいな。」

「おう、川行かんでも、魚見とられるしな。」

そうか、その手があった。なぜ今まで気がつかなかったのだろう。そこにそんなに素晴らしいフィールドがあるじゃないか。悲しみが教えてくれた。池に水を張ろう。魚を放そう。生態系を今度は僕らの手で組んでみるのだ。もちろん、浅薄に違いない。しかし、僕たちはときどき浅薄であることを忘れてしまう。池を基点として、力及ばぬことを知ろうじゃないか。

そうなれば、用意は周到に進めねばならない。かつて職員会議で池のことが話し合われた。そのときの結論は、管理が大変であること、以前は無料で供給されていた水道が現在は有料となり、ただでさえ漏水で使ってもいない水道料金を払っているなど、よい材料は乏しい。そのまま放置しておくしかない、そういうことであった。

これをひっくり返すのは大変だ。そこにある池に水を張るだけのことが、どうしてこんなに難しいのか。これが現代の「学校」なのだ。気分で動かすものではない。新しい前例を作るためには、いくばくかの知恵が必要だ。

雪が積もらないうちに、池を調べてみた。池は大きく分けて三つの部分から成り立っている。細長い洋梨の形をした一番上流部の大きな池。平坦で水深が極端に浅い部分。お椀型で割り石が敷きつめられた最下流の池。そして、それらを水路や堰堤がつないでいる。池の横の築山の水道栓を開けると、水は石組みで作られた水路を流れ、最初の池に滝のように注ぐ。この池の容積が最も大きい。長さ五メートル、幅平均一メートル五〇センチ、水深最大五〇センチといったところか。底はコンクリート張りだが、池の回りは黒部峡谷から集めたらしい自然石ではどってある。洋梨の底に当たる部分の中心には、周囲より深く掘られた魚の隠れ場所らしいところがある。コイでも飼えばちょうどいいかも知れない。

第一の池の水がある水位に達すると、黒部のV字峡谷を連想させる小さな狭間の樋を渡って、第二の池に水が供給される。第二の池は、池と言うよりは、むしろ水路に近いものだが、下部に堤堰があり、水位を安定するように考えられているらしい。水はゆっくり堰を越えていく。おそらく、ここを水が通過するにはしばらくの時間を要し、その間、水は適度な温度に達するのではないか。寒い地方の水田には、「ぬるめ」と呼ばれるそうした工夫がされている場合がある。このあたりの山田でもしばしば見かける。

とすれば、第一の池の水温はそれほど高くない。これは、渓流魚には好都合である。夏場の水温の上昇が、渓流魚の飼育にはもっとも厄介な壁なのだ。第二の池の堰堤からオーバーフローした水は扇状地を思わせる緩やかな斜面に広がるように流れ、第三の池に達する。そこでは、メダカあたりに合った水温になっている。そして、第三の池からあふれた水は、校舎の周りの排水路に流れ込む。

驚くべき巧妙さだ。見れば見るほど、考えれば考えるほど好きになってくる。いったい誰が設計したのだろう。その人に会ってみたくなった。

泥んこ遊び

四月、あたりの雪もすっかり解けて、子どもたちの川通いもいよいよ本格的になった。

解禁当初はクロスカントリースキーを履き、春のよくしまった雪の上を釣り上がっていた。雪の上を名前は知らないが黒っぽいカワゲラが歩く。それを見ているだけでも、この地方に生まれた喜びを感じる。しかし、いちいちスキーを外して川に入り、またスキーを履いてポイントを移動するのは結構面倒な作業である。また、スキーのブーツでは川を渡ることもできない。それが嫌で足場の良い場所を探して、そこにとどまって釣っている者もいた。

池にも再び春が訪れていた。僕と子どもたちは野心を胸に秘め、学校の新年を迎えた。新しい校長先生が赴任し、何人かの新しい先生もやってきた。新校長は、まだ若く、やりたいことでいっぱいの人物である。これまでのやり方に一つ一つ納得のいく答えを求めた。また、新しくやってきた先生たちは学校の雰囲気を刷新しているようにも思えた。そうした人々に、「池ではない池」の存在が目にとまらないはずはなかった。僕には好都合であり、それをうまく利用することにした。

校長先生はさっそく池の状態を知り、荒れた状態について不満を露わにした。ここだな、と思うから、池の清掃は当時担任していた六年生が行うことを伝えると、案の定、それは歓迎された。校長先生の心の内にもなんとか池らしくしておきたい気持ちがあったようだ。子どもたちに異存はない。

同時に子どもたちにもある企みが進んでいるのを、僕はこの時点では全く知らなかった。

翌日の大掃除はほとんど泥んこ遊びである。約二時間後にコンクリートの底がはっきり見えてきた。掃除を進めながら、僕は池の設計上の機能が、観察と分析通りに運ぶのかどうかをチェックしていた。何箇所かの水道栓。水の流れ方、漏水の具合。やはり、何年も放置されているため十分に機能するには修理が必要であった。幸い配管などの厄介な修理は必要なく、日曜大工程度の工事で十分なようである。

清掃の様子を見にきた校長先生に水を張ることを伝えると、ふたつ返事で承諾してもらえた。予算もなく、整備計画もなかったが、校長先生の意欲に助けられた。水道栓を開けると、水路を蛇行するように水は流れ、ついに第一の池は次第に水位を上げていった。第一の池を満杯にするには何時間もかかり、第二の池へ水が流れ始めた頃には、土曜日もすっかり夕方になっていた。

子どもたちの姿もなく、さてこれからどうしたものかと、築山の上から池を見下ろした。それでも、ついに始まったという感慨が僕の胸を突き上げていた。

ゲリラ放流

翌日の日曜日、日曜大工の店で修理用の材料を手に入れると、その足で池の様子を見に出かけた。何箇所かの漏水のため、ことによると減水が激しいかも知れない。水道栓も開けっぱなしというわけにもいかないので、様子を見ながら加減したつもりだったが、その調子も気になっていた。漏水の具合によっては、水道への依存率は高くなり、夏場の水温上昇を乗り切るためには水道料金の問題をクリアする必要が出てくる。そうなると、高水温でも耐えうるコイのような魚が優先的に放流されてしまう。それはできるだけ避けたい。黒部川に泳いでいる普通の魚を泳がせるのでなければ、池の価値は著しく損なわれると思っていた。

クルマを止め、池を覗き込んだ僕は、ちょっとおかしいという印象しか持たなかった。その正体を想像することさえできなかった。水は、少し減水しているようにも見える。漏水は続いているらしく、池の周りの土がそこだけ濡れて、一部水溜りになっている。底のドレインからも漏れがあるらしく、排水溝には絶え間なく水が流れている。修理箇所を点検するように覗き込んだ僕は、再びさっきと同じ感覚にはっとした。

たしかに、魚が走った。渓で感じるあの感覚である。驚いてもう一度水の中を、その場所だけ魚が隠れるように深くなった場所を見た。いる、たしかに。その尾鰭が水の中でゆっくり動いている。大きいニジマスである。四〇センチはある。しかも、実に美しく生命感にあふれている。背中越しに声がした。いつの間にか、傍にヤスシが立っていた。

「先生。驚いたろ。コウキが釣ってきたんやぜ。」

「コウキか。」

「そう。内山のプールの上で。スプーンで。」

たしかにコウキはルアーが上手い。

「あのいつものところか。」

「うん。なかなか取り込めんで、最後は、ライン持って後ろに下がったって。」

「それをここに放したんか。」

「うん。釣れたらそうしようって決めてたから。」

とにかく取り込んだ後、この池まで走って持ってきたそうである。スーパーのレジ袋に水を入れ、袋一杯の魚を運んだものだから魚はぐずぐずになってしまい、以前に教わったリリースの方法を思いだし、なんとかふらふらながらも泳ぐように戻したらしい。しかし、中学生の男の子が手づかみにしようと池の中に入り追いかけ回した。それが刺激になったのか、ニジマスは元気に泳ぎ始めたのだと言う。ヤスシは家が池に近く、心配になって見にきたところなのだ。

「先生。飼えるかな。」

「魚がいる以上、水を抜くわけにもいかないさ。よくやった。俺たちは、黒部川の魚を手に入れたんだよ。ヤスシ、ここ直すぞ。手伝え。明日、みんなが来たら、この池見せて驚かせてやろう。」

翌日、ずいぶん長い間忘れていた賑わいが池に訪れた。この時、校長先生もまた僕や子どもたちと同じ夢を見た。

ヤマメを一〇〇匹

一週間後、底のドレインの漏水を除けば、ほとんど十分に機能している状態になった。魚は一日一日と増えている。ルアーをバーブレスフック（魚へのダメージが少ないといわれている返しのないハリ）にしてかけてくるようだ。水位を安定させるために水道栓のバルブはますます開けられた。校長は水道メーターの針をチェックし始めた。子どもたちは不安になるから、いよいよ魚を運んでくる。

ドレインの状態は粘土やビニールボールなどを利用してかなり良好になった。それでも、夏場には水道の使用料はもっと上がることも予想できた。魚はもう一度川に放せばいい、そんな意見さえも出てきた。夢が萎《しぼ》もうとしている。僕にも流れを止める力は残っていない。

いきなり、本当にいきなり、話がやってきた。六年生の女の子が持ってきた。

「先生。おとうさんがヤマメでもイワナでも一〇〇匹単位であげるって。」

「一〇〇匹、ほんとに。」

「本当なんじゃないかな。おとうさん、酒飲んでたけど。」

「じゃ、連絡取ろう。とにかく、くれぐれって伝えといて。」

話は本当であった。彼女の父は、町役場の農林観光課に勤務している。漁協が自然教育活動の方法を検討しているという情報をつかんでいたようだ。渡りに舟、相談の結果、イワナはまだ小さすぎるため、一〇センチ程のヤマメを一〇〇匹いただくことにした。池の許容量がどれほどのものかはわからない。今は既成事実が欲しかった。

川から釣ってきた魚は川へ帰せばいい。しかし、漁協からもらったヤマメは賜りものである。万が一のことがあっては、責任問題である。しかも、養殖場に返すわけにもいかない。池で飼うしかないのだ。

その下心は幸い、誰にも感づかれず、ヤマメの放流は和やかなうちに終了した。池を訪れる子どもたちは多くなり、近所の人々の散歩路にも入れてもらえたようである。授業中、学齢前の小さな子どもたちの歓声が池から聞こえてくるようにもなった。池に対する関心の高まりは、学校の責任の高まりでもあった。

校長先生にもいったん見た夢の名残りがどこかにあるのだろう。若い頃は山登りや山スキーに熱中した人である。イワナを知らない人ではない。何とか池の水源を安定して確保したいようであった。僕の目論見通り、今となってはその選択しか残されていない。

この地区を流れる用水はわずか五〇〇メートル上流の、宮の谷と呼ばれる谷川から取水されていた。宮の谷へは十二貫野用水を通じて黒部川流域の冷水が流れ込んでいる。この用水から水を取り入れることができれば、自然である。現に何軒かの家ではそうしているようで、流れがところどころ仕切られて黒くて太いパイプが口を開けている。残念なことに、学校の敷地は一段高い場所にあり、どの用水からも上に位置していた。最後の選択はポンプアップである。一番近い用水まで二〇メートル、落差三メートル強。ここを水中ポンプを常設して揚水する。電源や配管ルートに問題はなく、財源は校長先生が何とかしてくださったらしい。さっそく簡単な工事が行われ、揚水が始まった。ここまで来たら後戻りはない。池にも「南庭自然観察池」という名前がつけられた。舌をかみそうだが、わかりやすい。実は昔の資料にあった名前だ。

南庭自然観察池の危機

水道から用水に水源が変更されたが、水質は悪化した。もともと、地区の水源は同じ宮の谷である。しかし、下水道はこの地方の他の場所と同じように、まだ整備されていない。したがって、用水は排水路でもあり、下水でもある。あらゆる生活排水が、コンクリートで固められた水路を流れる。あっという間に、池にはアオコのような藻類が繁殖した。わずかながら異臭も感じられる。アカムシが発生し始め、泥が少しずつ堆積した。僕たちは用水の流程にそれほど多くの家がないことをよく知っている。それだけに、妙に悲しくなった。汚しているのは僕たちのくらしである。きれいごとは通用しない。僕らはそうやって生きている。わずかなくらしがこれほど自然にインパクトを与えているのだ。

水中ポンプには毎日驚くほどのごみが引っ掛かった。そのことでポンプの機能が落ちて、池の水がなくなりかけたこともある。ポンプも一台潰した。ビニール袋、生ゴミ、空き缶。あらゆる廃棄物がこの用水を黒部川へ向けて駆け下る。かつて河原で見た光景を思いだし、僕たちはもう一度憂鬱になった。しかし、それも生態系の一部と考えることで、この土地のシミュレーションをやってみたい、僕はそう思っていた。ここの池で魚が生きられないのだとすれば、川も弱っているのだ。この池を通して、そのことに気がつけばいい。

それからも、池に何度かの危機が訪れた。最初の危機は人間であった。池にコイが泳いでいても、よほど高価なものでない限り、盗んでいく人はいない。しかし、それがイワナやヤマメだと、獲っていって食べてしまうものらしい。何だか魚が少ないなと思うと、昨日の夜、池に入っている人を見たと聞こえてくる。池には足跡までくっきり残っていた。骨酒にされたとの噂も聞こえた。しばらくして、魚の絶対量が減ると、捕まえにくくなったのか、それとも飽きてしまったのか、そうした悪事はおさまった。

次は、水質汚染である。流入するゴミを漉《こ》し取るために水路にクレソンを生やしていたが、溶剤の類はどうしようもない。ある朝、池の周りに人垣ができている。魚が大量に浮いたと言う。魚はすでに土に埋められ供養されていたが、池からははっきりとそれと判るほど強烈に石油の匂いがする。浮いた魚をもう一度掘り返してみると、エラが変色している。専門ではないが、池の匂いとは無関係でないことが知れる。どうも、農機具に使っていた軽油をなにげなく用水に流した人があるらしかった。

この手の事故はしばしば続いた。除草剤が流れたり、化学肥料の影響で富栄養化のような状態になったり。その度に池の周りで語り合い、子どもたちは自分たちの生活のもろさを知った。僕らも児童会で使ったペンキを川で洗い、下流の池を赤く染めたことがある。自分の都合で自然とのつながりを忘れてしまう。

さらなる危機は、妙な契機で起こった。地元の集落で、お盆の行事としてニジマスのつかみ取りが行われた。大きなたらいを用意して、その中に魚を放す。お盆で帰省している都会の地元出身者に自然を味わってもらうといった趣旨であったのだろう。

子どもたちは、池の魚を一匹でも増やしたいと感じていたらしい。自分がつかんだ魚を池まで持っていき、そこへ放してしまった。大人たちは、子どもたちに池のことを聞いた。そこでどんな説明がされたのかはわからない。都会の子どもと違ってこうした場合には急に言葉が出てこなくなるのが常である。決して弁舌さわやかなものではなかったと思うが、その分気持ちが通じたのか、彼らのアジテーションは皆の賛同を得た。

その結果、池の許容量をはるかに超える魚が放流されてしまった。人々の誠意と善意である。しかし、残念なことに季節は夏の盛りだ。池はあっという間に酸欠になった。加えてこの時期はイネの害虫防除の季節で、上流の水田からわずかだが農薬が流れて来たらしい。次々と魚は浮いた。

魚の白い腹を見るたびに、こんなことに手を染めなければよかったのかな、と考えた。渓流魚が生きられる場所は、いくつかの奇跡に支えられていることがよくわかった。

自然の成り行き

最初は餌をやり〈飼っていた〉魚も、次第に池に棲みついてきた。第二や第三の池にも水温の高さに対応できるメダカやコイ、和金、フナ、タニシ、そして、川から採取したカゲロウやトビケラのニンフが放された。

依然として、釣った魚を放流することも続いていたが、個体数の多さが壊滅的な状況を生みだすことを知った子どもたちは、むしろ、カジカやウグイのような別種を導入していた。子どもたちは、自分が釣った魚をよく憶えていて、毎朝何事もない姿を池のなかに確認して、安心している。

できるだけ僕たちが手を下すことなく、池にかかわる生態系が勝手に営まれるように工夫し続けた。何ものも単独で生きられない当たり前の理屈を確認しようとしていた。本当に当たり前なのに、僕らはときどきそのことをすっかり忘れて思い上がってしまう。ここにあるのは、うそっぱちの作りものの傲慢な自然のようなもの、である。それでも、当たり前に気づくのがもっとも難しい。

魚たちは、池の表面で遊んでいたアメンボや、泥の中でのうのうと土を食っていたミミズに襲いかかり、さらにユスリカの羽化に猛然とライズした。五センチ位のイワナを一〇〇匹放したが、翌日にはほとんどいなくなった。大きなヤマメやニジマスに食われてしまったらしい。

小さなヤマメが大きなヤマメに横腹から食いつかれている。それを池の脇から眺めるのは興奮ものである。本で読んでいたことが目の前で起こっている。イタチやトンビが池を襲う。それもまた自然の成り行きである。

夕方、いつものライズが始まる頃になると、今までどこにいたのか、子どもたちが何人か集まってくる。いずれも、水面に影を落とさないように、少し離れたそれでいて見通しのよい場所に腰を下ろす。そのままじっと水面を見つめる。水面は空の変化に合わせて微妙に色を変える。横の道路を歩く人が不思議そうに池を覗き込み、しばらく足を止める。

そのうち、ぽつりぽつりと小さな魚たちからライズが始まる。ライズは徐々に大きく大胆になり、黄昏に水音が響く。僕は何を考えているのかわからなくなる。どこか地面ではない場所にいるような、そんな妙な感覚が支配する。手足の感覚がなくなり、肌の表面だけが水面に反応し、本当に眼で見ているのかさえはっきりしなくなる。僕たちは今、どんな生き物に相対しているのか。

闇が山影を隠す頃には、ライズはゆっくりと落ち着きを取り戻す。水面が最初の静けさを取り戻す頃には、いつの間にかあたりには誰もいなくなっている。そう言えば、誰も口をきかなかった。夢の時間は誰もが無口になるようだ。

春を待つ

今、南庭自然観察池は雪の中にある。雪の下で四〇センチ近いニジマスはどうしているのだろうか。やせ細ったイワナは、冬を越すのだろうか。去年の秋に放流したサクラマスは…。

春には底にたまった土を取り除く掃除のために、すべての魚を釣り切ることにした。以前は追いかけ回し、手づかみにして何匹かの魚を死なせてしまった。だったら釣ってしまった方がダメージが少ない。池での釣りは厳しく戒めてきたが、昨年、実験をした。大きなウェットフライに太い糸を使った釣りの実験は意外に効率がよく、掃除の見通しは立った。

新しい春がどんな表情を見せるのか。もう何度目かの春だが、どの春も生涯一度の春だ。

どうせなら、ロッドまで作ってみるか。あり合わせで何とかできないかな。まあ、ゆっくりと考えよう。夢を与える必要はない。夢を語るのは子どもだ。

第五章

〈フライ教室〉の主役たち

リョウマ

リョウマには禁忌《タブー》がない。宇奈月に住む子どもたちの多くは、川にいること山に入ることに、ある後ろめたさを感じる。ところが岐阜から移り住んできたリョウマにはそれがない。リョウマは目の前の興味あるものすべてにアプローチしようとするのだ。

禁忌は〈作りもの〉である。目の前を流れる黒部川の河原に立てない理屈などどこにもない。なぜ、いつから、川や山は子どもたちの生活から隔てられてしまったのか。子どもたちは河原に立ちながらも、どこか心配気で落ち着かない。河原へいく途中の土捨て場を歩く姿には憂いがある。

リョウマは違う。見るものすべてが彼のものになり、歩くところすべてが彼のフィールドとなるようだ。リョウマを見て、子どもたちは〈作りもの〉に気がついた。すべてを直視し、受け入れればいい。そう思えるまでには時間がかかる。しかし王様は裸なのだ。

リョウマが育った美濃地方にはため池が多い。学校が終わると、しばしば近くの池で遊んだ。ときどき兄や兄の友達と他校のテリトリーへも遠征する。コイやフナも釣った。山はなかったが、小さな自然は彼らのものであった。宇奈月も同じはずであった。

黒部川は毎日その表情を変える。驚くほど澄みきった流れが、あっという間に泥流になる。水の量は刻々と変化し、それにつれて流れの筋も動いてゆく。雪に覆われる様子はこれまでに見たことのない厳しい光景であったが、冬の日差しを浴びて眩しいほどに輝く水には、初めて雪国を感じた。

黒部の春はいきなりやってくる。冷たかった風が一気に温度を上げ、山のいただきや谷の奥へ残雪を押し上げていく。通学電車に乗る時間、宇奈月はまだほのかに暗い。山の頂だけが朝日を受けて光っている。稜線の間に湖のように開いた空の深い青さには心を弾ませた。

リョウマは、山は緑と思い込んでいた。萌木色《もえぎ》がこんなに鮮やかなことを知らなかった。山の高いところから少しずつ秋になり、冬になる様子は何ともいえず不思議だった。山を見て悲しいと感じたり、妙に嬉しくなる気持ちが自分の中にあることにも気がついた。

しかし、リョウマには自分以外の人間が自分と同じように感じていないことがわからなかった。〈川へ行こう〉。あたりまえの言葉が浮いてしまう。その理由はリョウマにわかるはずはない。王様の衣装が見えないものは馬鹿だと言われてきた子どもたちにしてみれば、リョウマの興味は妙である。

そのうちに、子どもたちはなにものかにつき動かされるようにリョウマの言葉にうなずくようになった。どこか奥深いところでリョウマの言葉にうずうずしてくる自分がいた。河原に立ち、山を見上げた。禁忌を侵す興奮に支配されながら。

糸が踊る

ある日、温泉下の河原で子どもたちは釣り人に出会った。釣りをする人にうかつに近づいてはいけないことは知っていた。リョウマは釣りを少しばかり経験していたため、いたく興味を引かれた。しかし、その釣り方は彼がこれまで知っていたどの釣りとも違っていた。

渓流竿と比べるとそう長くもない竿に、見たこともない鮮やかなグリーンのとんでもなく太い糸が通されていた。リールも古臭い感じがして、見慣れたスピニングリールとは随分形が違う。どうやって使うのか。しかもリールは竿の一番尻に付けられている。どうやって竿を握るのか。糸を引きだすたびにジージーと聞きなれない音を立てている。

「フライだな。」

いっしょにいた誰かがつぶやく。

「フライ?　何、それ。」

誰もそれ以上話さなかった。知識で知ってはいたが、見るのは初めてなのだ。

釣り人が竿を振ると、太い糸はまるで生き物のように釣り人の前後を往復した。午後の逆光の中で、それは自分の意志を持っているかのように、空中を走り、釣り人の前の水面に落ちた。しばらくおいて、再び糸は空中に跳ね上がり、幾度か同じことが繰り返された。釣り人は少しずつ場所を変えながら、流れをさかのぼっていった。

どのくらいの時間、それを見ていたのか。釣り人の後を追いかければよかったと思ったのは、釣り人が視界から消えてしまった後だった。リョウマの目にはグリーンの糸が不思議な曲線を描きながら、ゆったりと空中で踊っている光景がいつまでも残っていた。

「フライって何よ。」

リョウマはコーイチに聞く。

「本村先生がやってるらしいよ。」

コーイチにはそう答えるのが精一杯だったが、リョウマにはその答えで十分だった。

コーイチは老舗の旅館の息子である。生まれたのは富山市。物心ついた時分に宇奈月へ来た。リョウマにそれまで出会った友達にはない魅力を感じていた。ずんずん河原へ下りてゆくリョウマを追いかけながら、コーイチはこの土地のことを初めて意識していた。思春期にこれまで何とも思わなかった女の子が急に気になりだすのと良く似ている、と言ったら大人の感傷だろうか。

児童会室のとびら

翌日、一時間目が終わるとリョウマとコーイチは三階の児童会室へ上がってきた。四年生の彼らにとっては、まだあまり縁のない場所だ。二人は入り口から少し離れたところからそっと覗き込んでいた。

「おい。そいとこにおらんで、見たいがなら見に来いよ。」

机の向かいで毛バリを巻いていたヤスシの声に僕も振り向いた。タイイング見物の連中もいっせいにそちらを見たので、二人は緊張した。

「そういや、こいつら、この間フライマン見たってな。」

ヤスシが切り出して、二人は少しほっとした。

「へえ、そうか。」

僕は回転イスを陽気に回して彼らに向き合った。野外活動クラブに入ってはいたが、リョウマが僕の顔を正面から見たのはこれが初めてだと、後になって気が付いた。

「どこで。」

「想影橋。」

「桃源の露天風呂のところかな。」

リョウマはうなずくのがやっとである。こうした時、受け答えをするのは必ずリョウマである。コーイチはただ相槌を打つばかりである。それだからいい友達でいられるのかも知れない。露天風呂の言葉の響きに、六年生が敏感に反応した。実際何かの具合で見えることがあるらしい。

「そいとこに立っとらんで、入れよ。」

ヤスシが促す。

「じゅうたんやから、靴脱げよ。」

部屋の外に脱ぎ散らかされたズックに遠慮するように靴を脱ぐ。六年生はちょっと怖い。

「どんな人だった。」

「え…。忘れた…。」

いきなり聞かれてつい心にもない反応をしてしまったらしい。

ヤスシが器用に毛バリを巻いていた。わずか二学年上のヤスシが、手をくるくる回すたびに、奇妙なものが次第に形をなしてゆく。コーイチはヤスシと同じ学年の姉に見せてもらっていたために、つい言葉が漏れた。

「あ。毛バリだ。」

これが毛バリか。リョウマは、使い方のわからない道具や、ビニール袋に入れられた得体の知れない奇怪なものが散乱しているあたりを見回した。

「できた。」

ヤスシができ上がった毛バリを掌に乗せ、満悦である。

二人がもっとよく見ようとした瞬間、休み時間の終わりを告げるチャイムが鳴った。皆、急に動きが速くなり、教室を目指して駆け出す。リョウマとコーイチも階下の教室へ戻らねばならぬ。

その喧騒に紛れて、

「また、いつでも遊びにおいでよ。教えてあげるよ。」

僕の声が聞こえたらしく、振り向く余裕もなく、どこを向いているかもわからないまま、リョウマは大きくうなずき、階段を駆け降りていった。

次の日になっても、リョウマもコーイチも自分から児童会室の扉を開けることはできなかった。誰かが中に入っていくのを待って、そっと滑り込むように中に入り、それでもそれ以上は踏み込めず、入り口の扉をいつでも逃げられるように開けたまま、僕やヤスシの様子を眺めていた。

フライフィッシングが何なのか、リョウマにはまだよくわかっていない。毛バリはちょっとだけ見た。けれど毛バリがどうやって魚と出会うのか、そんな基本的なことさえ、消えようとしているシャボン玉のようにしか、はっきりしていない。

ヤスシの掌にあった毛バリのおぼろげな印象だけが、リョウマにはフライフィッシングのすべてである。リョウマは僕がコーイチの姉を担任していることを少しばかり妬んでいた。コーイチは自分の気持ちをなかなか口に出さないが、自分より先に「フライ」という言葉を口にした。そのことも気になった。

帰り際、リョウマとコーイチはランドセルを担いだまま、玄関へ向かう階段を反対方向へ上がって、三階の児童会室を覗きに来た。扉の外へ聞こえてくる笑い声やところどころ意味の分かる言葉に聞き耳を立てた。内山…宇奈月…黒部川。毛バリ…フライ。いつものように誰か扉を開けてくれたらいいのにと、願っていた。

魔法使いのイス

ガラスに映ったままの人影を不審に思ったヤスシが声を上げる。

「誰かおるがか…、リョウマやろ。」

一瞬リョウマは逃げようと思ったようだ。

「おう。リョウマか。見たいがなら、はいらっしゃい。今、毛バリ巻いとるよ。」

僕の声が聞こえるか聞こえないかのうちに扉が開き、ヤスシの笑顔が飛び出してきた。

笑顔がネルソン・マンデラに似ているヤスシは、僕のことを「師匠」と呼んだ時期がある。どうも、釣りを介した師弟関係に憧れていたらしい。いきなり、「師匠」と呼ばれた時にはさすがに驚いた。一度は授業中に「師匠」と言ってしまい、自分でも苦笑した。

ヤスシには小さな夢がある。父親が調理師であることも影響して、ペンションを持って、自ら料理の腕を振るって、お客さんにおいしいものを食べさせてあげたいという。

「俺、人に（料理を）食べてもらうが好きなんやぜ。」

うれしそうにそう話す。できれば、野生のニジマスが釣れる川のほとりで、お客さんの釣った魚を調理してあげたいと言う。もし、本当にその夢を叶えたら、先生に最初のお客さんになってもらう。そんなことを言ってくれる。彼の夢は僕の夢でもある。星に願いをかけても、叶えてみたい。

そんなヤスシは面倒見もいい。

「先生、見せてやっていいやろ。」

「ああ。紅茶でも飲むか。コーヒーはきついだろ。」

「いえ、いいです。」

リョウマはとっさにそう答えた。

「こっちへおいで。」

声に寄せられて机の横に立つと、これまで遠目にしか見られなかった怪しい品物が目に入った。毛皮。鳥の尻尾。色のついた綿。鉤。糸。地味な色合いのものや、蛍光色のものもある。ビニール袋に入って、いい加減に広げられている。

「じゃあ、アダムスでも巻くか。」

リョウマとコーイチを歓迎するように、僕の手や指先がてきぱきと動く。怪しい品物の中から迷わず材料が選びだされ、がらくたが道具として機能してゆく。そして、鳥のくちばしのような器具の先に取り付けられた鉤は、ひと動作ごとに形を変え、運命づけられたように、ある決められた姿になっていく。

「できたよ。」

今作っていたものを掌にのせ、僕はリョウマのほうを向いた。

「アダムスだよ。」

ヤスシが感心したように覗き込み、小さく舌打ちをする。彼はあまりいいハックルを持っていないため、全体のバランスがうまくいかないことを嘆いていた。

その毛バリがどれほどのできばえで、どうやって使われるのか、リョウマには考えつくはずもないが、たしかにそれは「生き物」の表情をしていた。いろいろな怪しい品々から生き物がつくられていく様子は、まるで魔法を見ているようだった。コーイチも、すべてのプロセスを見るのは初めてだった。

「どうだ。巻いてみるか。」

いいえ、と首を振りかけて、リョウマはあわてて縦に振り直した。

促されて魔法使いのイスに座り、リョウマは、夕暮れが近づいた教室で最初のひと巻きと出会った。コーイチはいつものようにリョウマに先を譲った。それがリョウマとコーイチのやり方である。

にぎやかな教室

ヤスシが卒業して、リョウマとコーイチは五年生になった。教室も三階に移る。

四月を迎えた二人の気持ちの中には、僕が担任であったら、そんな希望もあったに違いない。だから、担任が発表された時の彼らの表情は複雑だった。ようやく、川も山も見えてきたところなのだ。

六年生になったヒロシもその心配は同じである。学校にとっての新しい年がやってきて真っ先に児童会室に飛び込むと、そこには見慣れた怪しい品々がない。明日は今日と同じように幸せだろうと考えつづけるのが子どものよさである。今の幸せがそう簡単に変わってしまうはずがない、子どもはそう思っている。それだけに、変化を目の当たりにすると対処方法を持たない。

担任発表で告げられた〈とまと学級〉をヒロシは探した。今までになかった学級である。それは二階にあった。発泡スチロールをくり抜いて作った看板が入り口に掲げてある。

入り口でうろうろするヒロシを僕の方から見つけた。彼の気持ちがよくわかる。学校は僕の気持ちだけで動いているわけではない。しかし、彼らはまだ僕を必要としているらしい。

「ヒロシ。」

「あ。先生。」

「今度からはこの教室だ。今までよりちょっと広いから、休み時間には遊びにおいで。机を用意するといい。タイイングテーブルにしよう。」

ヒロシは、小さくうなずいて声も出さずにその場からいなくなった。そのまま教室の整理をしているとノックの音がした。ヒロシである。地下室から予備の机を引っ張りだしてきたのだ。場所を指定すると、机を置き、急いで自分のタイイング道具を取りに飛び出して行った。とんだ居候である。しかし、来るものは拒まず。すぐに、ヒロシ専用のコーヒーカップもやってきた。

リョウマは、ヒロシが〈とまと学級〉に机を持ったことをまもなく聞きつけた。そこへ遊びに行った三年生が毛バリを譲ってもらっていることも妹から聞いた。それでも、なかなか扉を開けることができなかった。児童会室の時と同じである。他の子どもたちのようにはしゃぎながらその教室に飛び込んで来たいはずなのだが。

雨の降る暗い日だった。二時間目が終わり、業間活動で全校の子どもたちが体育館へ行った頃、〈とまと学級〉に来訪者があった。小さなノックで静かに扉を開けたのは、リョウマである。

「先生。…毛バリ売ってもらえますか。」

小学生の彼らが買えそうな近所に釣り具店はない。毛バリはそこで僕が提供していた。ここでは、学習用のノートもそうやって提供されている。

「リョウマか。ああ、いいよ。あげてもいいんだよ。」

「いいです。売ってください。二つ。」

「じゃあ、少しいいのをあげよう。」

子どもたちに譲るための毛バリではなく、自分用の実戦的な毛バリを納めたフライボックスからドライフライを二つ取り出してリョウマに渡した。静かになった教室は雨のせいか、水槽のモーター音が甲高く耳についた。

「先生。」

「ん。」

「毛バリ巻きに来てもいいですか。」

「ああ、いいよ。でも、バイス足りないな。」

「買います。」

「安くないよ。」

「でも、そう決めたから。」

「そうか。ヒロシのように机を持ってきなさい。バイスは僕のを貸してあげてもいいからいつでもいらっしゃい。」

はにかんだようにうなずくと、リョウマは体育館へ駆けていった。

〈とまと学級〉が休み時間ごとの賑わいを見せるまでには、そう時間はかからなかった。この教室は子どもたちの解放区のように機能し始めていた。いつの間にか小さな卓球台もあり、タイイングの待ち時間に勝手にトーナメントが繰り広げられていた。

教室の主役は子どもたちだと、当たり前のことを確認させられる。僕は空気みたいにいつもぼうっとそこにいて、求められた時にだけ教師になればいい。

パラシュートのハマコー

コーイチが最初に巻いた毛バリはパラシュート（羽根を水平に巻いたドライフライ）だ。何種類かの毛バリを見せて好きなものを巻かせている。初心者向きだの、基本だの、定番だのをあまり考えずにいる。巻きたい毛バリが巻ければ、それが一番気持ちいい。コーイチが選んだ毛バリは、カーフテールをウイングにしたパラシュートパターンであった。リョウマがパラシュートを巻いていたので、大人が外国や不相応な場所で食事をするときに言う「あれと同じものを…。」、そんな感覚だったのかも知れない。

パラシュートじゃなくてヘリコプターじゃないか。コーイチはそう思っていた。関西電力の関係で学校の上をしばしばヘリコプターが飛んで行くが、それに似ている。牛の尻尾だというカーフテールも作り物だと思っていた。蛍光色の牛など見たことはない、と。

「ほら、切った跡がわかるだろ。」

六年生のジュンが尻尾の切り口を見せた。それでもすぐには信じられなかった。

ダビング（ボディの材料を糸に撚りつけること）には苦労した。僕が染色したポリエステル綿を撚りつける。毛糸のようにと言われても、それなら毛糸を使えばいいのに、そう思う。なんとかボディを巻き終わってみると、ジュンやリョウマ、ヒロシの巻いた毛バリとも、そう違いはないように思われた。ちょっと自信が出た。

「まあ、初めてにしちゃ、いい出来だ。」

わかりきった僕の誉め言葉にのぼせたのか、コーイチはその後の二週間、淡々とパラシュートばかりを巻き続けた。二週間後、五〇本目に達したパラシュートアダムスのボディは、見事に虫らしい先細のぼう錐形を描き、「パラシュートのハマコー」が誕生した。（コーイチの姓はハマダという）

掌の上の生き物

エーシンは寡黙な子どもである。必要なことしかしゃべらないコーイチよりもさらに言葉を発しない。自分の世界を大事にするのだろう。彼の言葉は、彼の世界の必要から出てくる。教えてくれとも言わず、ある日、バイスに向かっている姿に気がついた。見よう見まねで作るらしい。それでも、毛バリの格好をしているから不思議だ。意外に釣れるかも知れない。いちいち教えてもらうのが嫌な子どももいるのだ。それはそれで尊重しなければならない。

そんな子どもたちのために、簡単な教科書として「フライフィッシングガイド」を作った。市販のフライ教則本と大きく違うのは、マテリアルやタイイング用具の説明である。いずれも買うとなると大変なので、適当に用意する方法を、少しだけ書いておいた。工夫次第でどうにでもなると書かれている。

町の釣り具店へ行けば、たしかに最低限必要なものは売っている。いくらかのお金を用意できれば、格好いい名前のついたマテリアルが手に入るだろう。ヒロシはその傾向にある子どもだ。釣り具店が好きで、しょっちゅう細々と買ってくる。対してジュンは自分の工夫を僕に見せて評価をもらいにくる。評価を次の工夫に生かしたいのだ。

あるとき、ヒロシが奮発して高価なホイットレー社のフライボックスを買ってきて話題になった。翌日、これまで毛バリをフィルムケースに入れていたジュンが、使わなくなった筆箱にダンボールを敷いて、フライボックスにしてしまった。ドライフライ用のコマ仕切りのものと、ウェット用にフックを刺すものがうまく分けられている。決して格好よくはなかったが、それを見た子どもたちは、ホイットレーのボックスを重荷に感じた。

ジュンの生家はかつて温泉街でそば店を営んでいた。四年生の時に野外活動クラブに入ったが、彼がインスタントラーメンを水から煮てしまった話は、今では伝説になっている。その後一年間のブランクをおき、六年生になると「もう一度鍛え直したい」と再びクラブに入ってきた。沢登りや雪上活動にはアシスタントとして頼れる力量を持つ。彼もいつの間にか、毛バリを巻き始めていた。強制した憶えもなく、促した記憶もない。

カツノリにしてもそうである。音沢に住む彼はルアーで釣ることが多い。サンナドツマキの夕暮れにヒロシやカツノリの姿を見るのは珍しくない。色気の多いヒロシに比べて、カツノリは一種類か二種類のルアーで馬鹿正直にクロス・アンド・ダウンのセオリーを繰り返し実践する。タックルもいつも同じ。その実直さに魚は見事に反応するのだ。地元のテレビ局の取材では二キャスト目で良型をキャッチしてしまった。そのカツノリもいつの間にか、クラシックなフライパターンなんかを巻いている。

たくさんの子どもたちが、毛バリを巻く作業を通して何かにアプローチしている。それぞれに言葉にならない思いがあるはずだ。掌に作り終えた「生き物」を乗せたとき、彼らの心にはどんな風景が去来するのか。それを絵にしてみたい。言葉にしてみたい。僕にはその表現力があるのだろうか。

待ち遠しい明日

日々、毛バリを巻く子どもたちの心には、しかし、ある種のもどかしさがあった。毛バリ作りから先のアプローチである。とりあえず、毛バリを作ることはとても楽しいが、それだけで終わらないことは、子どもたちは気づいている。もっともっと意味のあるアプローチが、彼らの手の届かないところにある。

つまり、致命的なことに、彼らの手にはフライロッドがない。また、渓流竿に毛バリをつけるのだろうか。ヒロシがフライロッドを手に入れて、彼自身の夢の時間を広げてしまったことがそのもどかしさを助長していた。子供たちの多くは、ヒロシの言葉の一つ一つに追従すべき言葉も体験も持てないのである。

残念ながらフライロッドは子どもが買うには高価過ぎる。リールもしかり。ラインだって同じだ。ルアーなら五〇〇円の竿でも十分に楽しめるのに、フライロッドはそうはいかない。このもどかしさを取り除くことが、教師に求められる責務となる。窓を開けてしまった僕の仕事だ。もはやこの夢の続きに踏み込むより他はない。

大和が『フライの雑誌』のバックナンバーを見返して、ホテイチクでロッドを作った話を見つけたと連絡してきた。別の雑誌にも、小物釣りの竹竿でフライロッドをこしらえた記事があったと言う。ならば、やるしかない。バンブーロッド（竹でできた釣り竿。一般に高級品とされる）を作ろう。リールは無理でも竿はどうにかなりそうである。一〇ヤード（約九メートル）も飛べば釣りになる。

そう決めた時、なぜだか動悸が高まり、むずがゆいような興奮がやってきた。こうなる日を僕はきっと無意識に計画していたのだ。求婚を決意した男のように、その夜はなかなか眠れなかった。

「竿、欲しいだろ。」

一心にフライを巻いていたリョウマは、いきなりそう聞かれて驚いた。

「フライロッドだよ。欲しいだろ。」

「え…。まあ。」

「でも、高いよな、買えば。そこでだ。…作ろう。」

「えっ。」

「作るんだよ。」

「作るんですか…。」

「しかも、バンブーロッド。」

「バンブー！」

「コーイチも作るよね。」

「え…。…やる。」

「じゃあ決まった。ジュンやヒロシも作るだろう。」

自分でもどうしたのかと思うくらい、僕の言葉は弾んでいた。不敵な笑みを浮かべた僕の表情に、子どもたちは新しい夢を信じたに違いない。

帰りの電車に向かって走る子どもたちを二階の窓から見下ろしながら、彼らのラインが黒部川に美しいループを描いて踊る様子を、思い浮かべていた。子どもたちはいつか見た釣り人のような自分の姿を、黄昏の光の中に立たせているのかもしれない。

明日が待ち遠しいのは、僕も子どもたちも同じである。

フィールドノートを作ろう

場所 地図でたしかめるのもいいね。

天候　気温も大切　水温計があるといいですね。

フィールドそのものを記録する。
どこで見たのか
どこがどうなっているのか
はとても大切な情報。
こういうのを
フィールドマップ
と呼んでいる。
このマップはサインペンで色を付けているが
色鉛筆は重ねぬりも
簡単なので調子がいい。
ぬれてもつかえる2Bから4Bの鉛筆も使いやすい。

ボクはこの大きさのノートを使っているけれども
みんなはスケッチブックが使いやすい。(A6 B5)
または、A4のノートも使いやすい。
スケッチブックのようにささくれないので
書いたり消したりしやすいぞ。

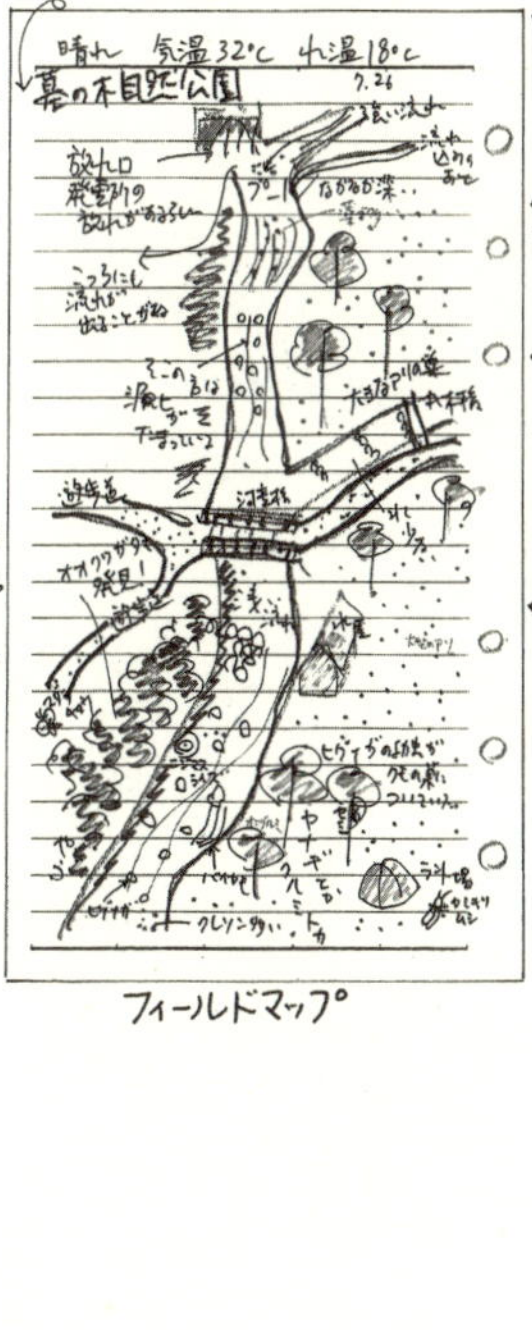

フィールドマップ

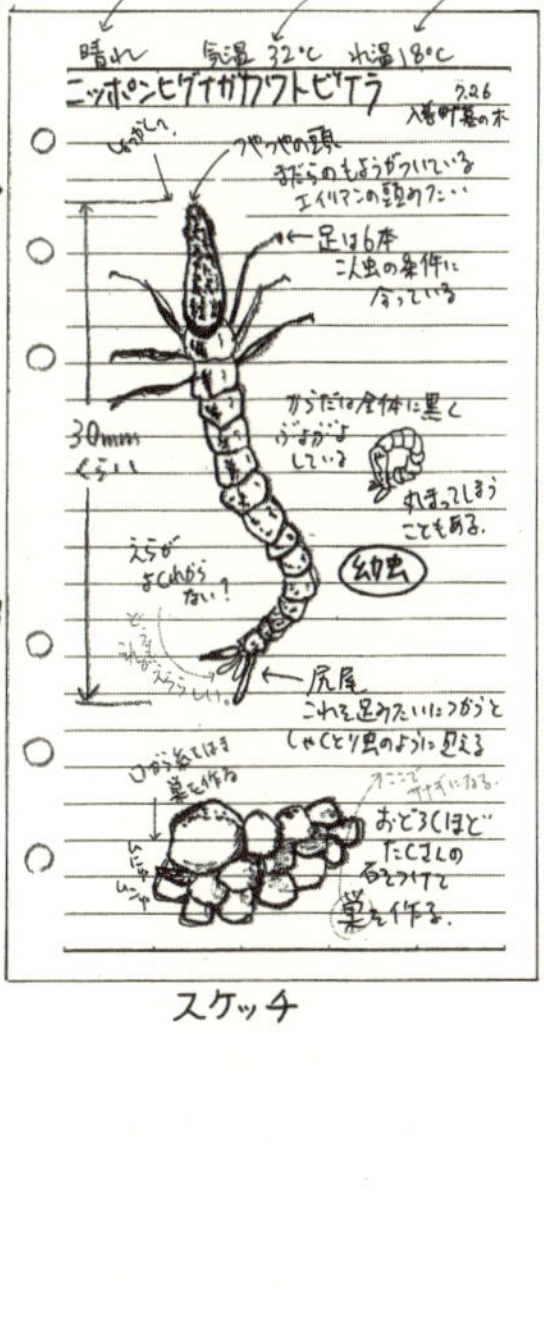

スケッチ

生きものは
スケッチが
大切。
デジカメで撮影したものを見ながら
スケッチするのもいい。
特ちょうをつかまえてみよう。
・かたち
・足やしょっかくなどの付き方
・節の数
・もよう
・動き
こんなことを
よく見てかこう。

大きさを書くときは
ミリメートルがいいね。
わからないことは
？をつけて
あとから書き足すといいね。
ここでは赤い字にしました。

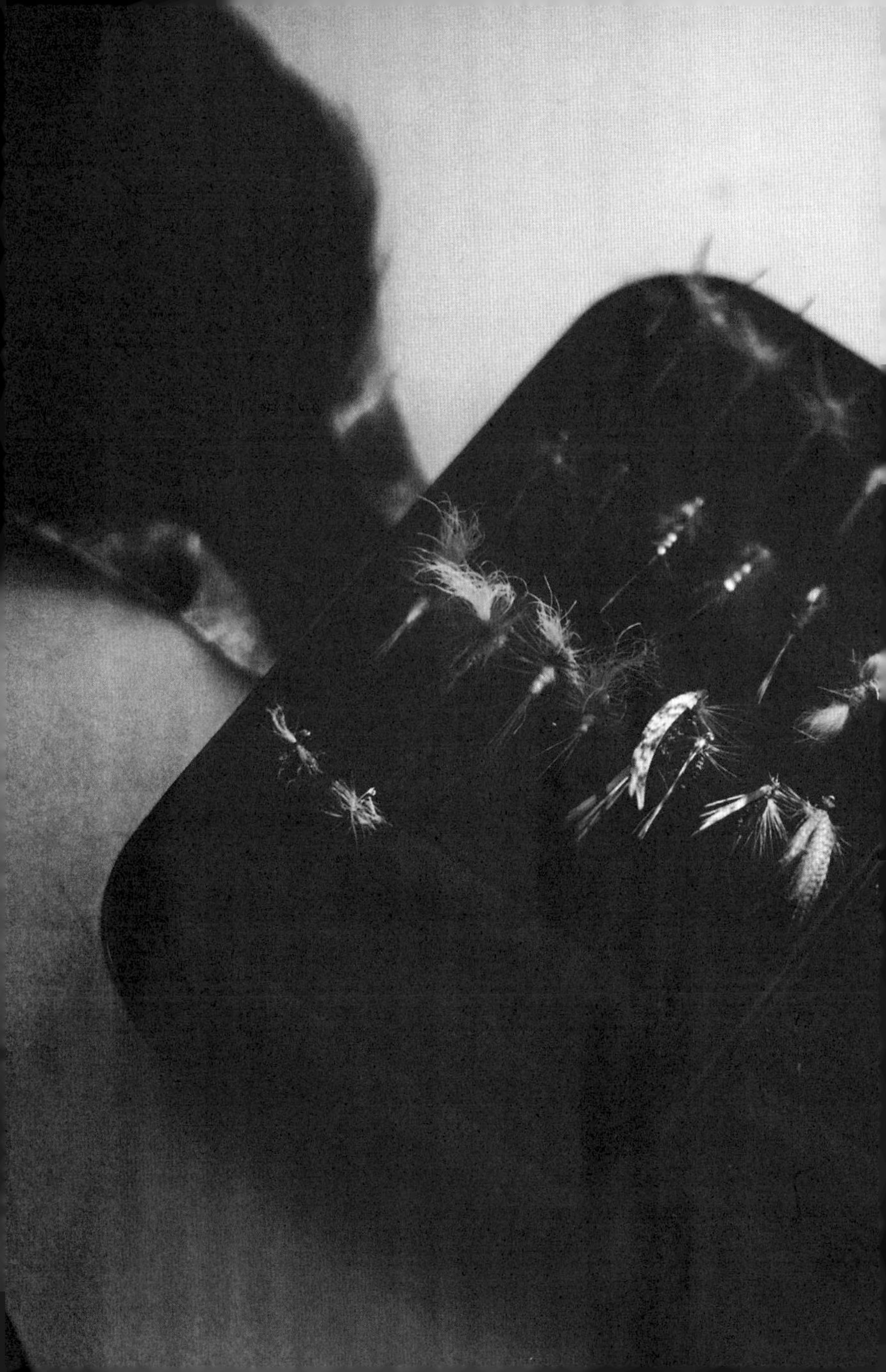

第六章

フライロッドを作る

フライマンになりたい

フライフィッシングへの憧れは募る。フライフィッシングという自然へのアプローチを手に入れた子どもたちは、思考を巡らせ、工夫を重ね、魚に挑戦し、手に入れることで、自分の方法の正しさを知りたいと願う。当然の成り行きである。

僕たちは想像力を持っている。川に立ち、川に遊び、水の冷たさをいつだって思い浮かべることができる。流れの中にいる魚の様子もすっかり描けるようになった。どうかすると、今までに経験したことのない風景まで、目に浮かぶようにさえなっている。

清冽な水の流れに、ほんの少しだけ水面の反射を変えるものがある。ゆっくりとした動きで次第に輪郭を現しながら流れに漂ってくる。それはカゲロウだ。羽をしゃんと伸ばして、水面から飛び立とうとするまさにその瞬間、水面が盛り上がって、カゲロウの姿が消える…。

わずかな虫の印象を残したままフライボックスを開く。一本一本の毛バリが巻かれた時の記憶がよみがえる。そう言えば、コカゲロウの羽化に合わせよう、とかつぶやきながら、巻いたんだ。コカゲロウなんてわかるのかよ、って冷やかされたな。でもこの毛バリが一番合っているような気がするところを見ると、羽化しているのはコカゲロウってことか。

指先が思うように動かない。あせる。ようやく、結んだ毛バリを投げる。だめだ。全然別のところに落ちた。もう一度。うまく流れてくれよ。あっ。きたっ！　想像はつきず、風景は無限に広がる。

子どもたちもまた多くのフライマンのように夢見るのだ。ただ、その夢はコカゲロウの羽化のところでいつも終わってしまう。続きを見るには、夢が本当になるには、ロッドがいるのだ。フライロッドがどうしてもいるのだ。

ロッドだって何とかする

フライロッドを手に入れたヒロシはすでに、自らをフライマンと呼ぶ。そのことを誰もとがめない。ヒロシのロッドは、たとえそれがどんなに安物であろうとフライロッドであるという一点で、彼をフライマンにする。みんなあと一歩なのだが。その一歩がまた大きいのだ。

これまでも、手に入らないものは工夫して手に入れてきた。それが、僕たちの〈フライ教室〉のやり方であった。

フライタイイングには、専用のツールやマテリアルが多い。ないツールは作り、マテリアルは流用した。ダビング用の綿はＵＦＯキャッチャーで取ったぬいぐるみの中身（この土地では「ダッコ」という）を調理自習室の鍋で染めたし、ゼンマイの綿毛なら学校の裏で手に入る。ヒロシは、教室の掃除で集まった埃をダビング材に使った。リアルさが評判になったが、かなりの決意がないと唾液で湿らせられないのが難点だった。

ブラウンのハックルケープが欲しければ、他の色を染めた。ダビング用のワックスも高いので、スティック糊を使った。スレッド（タイイング用の糸）を結ぶハーフヒッチャーはボールペンの芯だし、毛羽立たせるためのニードルは家庭科で使ったマチ針。糸通しも作った。ピンセットやハサミは、理科室の解剖セットを卒業まで「借りて」いる。スレッドも木綿糸にスキー用のワックスをかけると色が豊富になる。キラキラ光るティンセルは手芸店で安いものを大量に買った。細いワイヤーは金物店で買った。

外を歩くと、いろんなマテリアルが結構落ちている。左右揃わないのが難点だが、トンビやカラスの羽根は定番だ。キジはときどき学校にぶつかって死んでいる。ピーコック（クジャク）や金鶏《キンケイ》の羽根は、趣味で飼っている人にわけを話すと譲ってくださる。アヒルやガチョウは知り合いの珈琲店が飼育しているので散乱する羽根を少し分けてもらう。鴨料理を出している宇奈月温泉からは、カモの毛が手に入る。

獣毛の類いがもっとも手に入りにくい。ウサギを飼っている家は多いが、野ウサギはそう簡単に手に入らない。狩猟をする人に理解があればいいが、子どもたちが最も欲しがるエルク（北米のシカの一種）は、我が国に生息しない。家にあったカモシカの毛皮をちょいと頂戴してトビケラの毛バリを作ってしまった子どもがいた。

こういうものを見せられると、リアクションに困る。そのうち、高価なツキノワグマの毛皮を使うのも現れよう。トロッコ電車で知られる黒部峡谷鉄道の駅に飾られた、カモシカのはく製も標的らしい。叱られても知らないぞ…。

そうやって何とかしてきたのだ。ロッドだって何とかするのだ。工業製品であるグラスファイバーやカーボングラファイト製のロッドを作れるはずはない。それは工場の仕事だ。しかし、バンブーロッドなら何とかなる。何せ〈竹〉なのだから、その辺に生えている。あれだけ生えているのだから、一種類くらい竿になるものもあってよさそうなものである。

そうさ、バンブーロッドなら自分たちで作れるはずだ。

竹を探す

バンブーロッドとはいっても、素材がバンブーであるだけのロッドという感じだ。世の中の多くのフライマンが憧れる、高価で味わい深いバンブーロッドに比べればずいぶん格好悪いだろう。それでも、とりあえずバンブーロッドだ。

材料も手探りだし、作り方もはっきりとはわからない。子どもたちと始める前に僕が勉強だ。ポケットに入るB6のノートを一冊用意して、ヒントになることを書きとめ続けた。少しの手掛かりでもいくつか組み合わされれば、全体の様子がわかってくることがある。

まず、〈竹〉が一番問題である。

雪囲いに使う竹を調べてみた。学校の周りに大量にある。しかし、棒に近い。雪の重みを支えるが、魚を釣っておもしろいとは思えない。これは使えない。いくつかのホームセンターで竹を見て歩いたが、どれも子どもが振るには長すぎるし、頑丈すぎた。だいいちスキーより長いのだから、電車やバスで持ち運べない。一本もので六フィート（約一・八メートル）が限界だろう。なにより、竿先になる先端部分がどれも硬すぎた。

海岸の堤防の上に、か細い竹が使ってあったことを思い出した。防風の目的だろう。コンクリート土台の上に簀《す》の子状に並べられていた。そういえば、小学生か中学生の頃、そこから抜いた竹を竿にして、海辺で拾った錆びた三本針の仕掛けで釣りをした。消波ブロックについた貝の剥き身をエサにして、シマシマの魚を釣ったことがある。あれなら長さも申し分なく、調子も良さそうだ。海の風にさらされて乾燥も十分だろう。

勤務が終わってからさっそく海岸まで行ってみた。しかし、海岸浸触が進んだ浜にはもうかつてのような竹は残ってはいなかった。コンクリート壁の上には無粋な鉄の枠が延々と続いていた。

どこかの雑誌記事の中に、「釣り具店の玄関の横に売っている安物の小物竿」と書かれていたのを思い出した。あれも竹竿だ。地元の釣り具店に電話をかけまくった。四〇軒くらいかけたろうか。どこにもない。一〇年くらい前ならあった、たいていそんな答え方だ。

水と人が近づく場所がどんどんなくなっていく。水に恵まれていたこの地方にため池は少ない。田んぼの基盤整備事業が進む前はたくさんあった小川も、三面コンクリートの用水路に変わり、背の高い安全柵の向こうをとんでもない速度で水が流れている。大人でも危険で、子どもたちの身近な遊び場にはなれない。

海は、黒部ダムが完成してから流れ込む土砂が減り、海岸線の浸蝕が進んだとも言われ、自然海岸は消滅した。消波ブロックの山や河口付近で釣ることもできるのだが、それもまた子どもの遊び場ではなくなってしまった。そして同時に、釣りが遊びとしても高級化したのか、そんな安物の竹竿はほとんど使うものがなくなったようだ。作り手が減少したこともあるのだろう。

どうしようもなく、竹店をあたることにした。建材や庭材用の竹店である。竹の専門家には違いない。数寄屋座敷の天井によく竹が使われている。ああいうものならば何とか竹竿に使えそうだと思ったのだ。

富山で最も種類も量も多いと自慢する竹店と話をするが、釣り竿に使うと言うと「だったら釣り具屋で買え。」と返される。三〇分近く話すうちに、ようやくことの次第を飲み込んでもらったが、竿に使えるように伸ばすのは大変で、少なくとも今年の釣りには間に合わないと言われる。それでも…、と交渉するが、値段がずいぶん高く、結局あきらめた。

同僚に大学の園芸科卒業という変わり者がいる。机の上にエッチな形のサボテンを乗せていたりするのだが、雑談中に困っていることを話題にした。彼は黒竹ならあると言う。さっそく手配を頼むと、翌日切り口も生々しい竹がやってきた。クルマの窓から外に手を出し、そのまま運転して来たという。フライラインの適合で言えば三番程度、長さは九フィート（約二・七メートル）ある。手に持ち重りがするが、黒褐色で雰囲気はいい。

難点は、節ごとに竹がジグザグを描くように曲がっている点だ。これを修正しなければならない。理科室からアルコールランプを持ち出し、ゆっくりゆっくり作業を進めた。乾燥していないためか、伸ばしてもすぐに元にもどってしまう。吊しておいても、翌朝は平気で初対面と同じ様子になっていた。君のしなやかさはよくわかったよ。

もっと早くから手をつけるべきであった。六年生には来年がない。

これがフライロッド？

フライロッドを作ろうと思い立ってから一ヶ月が過ぎた。

リョウマは、もう、すぐにでもフライロッドが手に入るものと思い、毎日まだ見えぬロッドを振っている。もうダブルホールの手つきになってしまった。コーイチは、残しておいたお年玉の使い途をリールとライン、それにマテリアルに決めたらしく、しきりにカタログを漁《あさ》っている。

まもなく解禁と卒業を迎えるヒロシたちは、卒業制作や文集作り、謝恩会の準備の合間をぬって、毛バリの製作に余念がない。中学へ進めば、こうのんびり毛バリを巻いているわけにはいかないのだ。

竿にする竹は、まだ手に入らない。

思い余って、東京のつるや釣具店の山城良介さんに相談を持ちかけた。電話ではなかなか話が伝わらないように思えて、ファックスでいろいろ書き連ねた。いきなり妙なファックスできっと驚かれたに違いない。授業からもどると、机上にファックスが届いていた。山城さんだ。すぐにこちらの意図を理解してもらえたらしく、和竿の会社を紹介するという。願ってもない話だ。

〈フライ教室〉を続ける中で、しばしばこうして助けをもらう。僕はただもう頭を下げる。力不足は補ってもらうより他ないのだから。「子どもたちにいい体験させてあげてください。」、どなたもそうおっしゃる。その言葉につき動かされて、支えられて〈フライ教室〉は世界を広げてゆく。

さっそく紹介してもらった会社に電話をする。これこれこういう竿を作りたいんです、と伝えると、すでに山城さんがかなり話してくださっていたのだろう。いろいろ取り混ぜて送ります、とのことだった。二五本注文した。値段も相当安くしてもらえた。フライロッドが完成すれば、使ってみたい子どもには無料で貸与、欲しい子どもには自分でかなりの部分を組み上げることを条件で買ってもらう。損をしてまで売っていくと、貸与の分の資金が尽きてしまう。実費で頒《わ》けるためには、コストをできる限り抑えたかった。

ちょうど二時間目が終わった大休憩に、ブランク（ロッドの本体）はやってきた。長さ六フィートから八フィートのホテイチクの和竿である。梱包を外すと、すぐに子どもたちが囲んだ。踏みつけないかと心配になる。

「先生、これがフライロッド？」

「これはブランク。これにガイドとリールシートをつける。見てのとおり竹だ。正真正銘のバンブーだよ。」

「おーっ、バンブー！」

ヒロシは細い目をさらに細くして、バンブー、バンブー、バンブーと繰り返して、教室を歩き回る。事情を知らない人から見れば、少しあぶない感じだ。

リョウマはさっそく振ってみる。ラインなし、リールなしのダブルホール。今日は彼の手にフライロッドがしっかり握られている。彼の毛バリは三〇ヤード彼方の水面に届けられたのだろう。

初めてのバンブーロッド・キャスティング

ブランクが手に入ればガイド（ラインを通す金具）だ。ブランクが決まらないことにはガイドも決めようがなかった。これは買うよりほかないと決めた。ゼムクリップか、針金を曲げて作ろうとも考えてみた。いずれはそうするにしても、とりあえず僕らのバンブーロッドのブランクがちゃんと竿になってくれるのを確かめてからでも遅くはない。そこまで冒険すると、大切なフライラインを傷めてしまう恐れがある。ガイドは山城さんに見つくろって送ってもらうことにした。

買ってみるとガイドは結構高い。安物のガイドなんか市場にないのだ。それでも、何とかブランクとガイドで一五〇〇円の水準に落ち着きそうだ。『フライの雑誌』よりちょっと高いだけだ。子どもたちにも買えそうだ。

ガイドをブランクに固定するためのワインディングスレッドは、手芸店で安売りしていたミシン糸を使った。数百メートルで一〇〇円。スレッドのコーティング剤は、補修用のエポキシ系塗料を買った。エポキシを計量するための注射器は、理科室から使い捨ての実験用のものを持ってくる。塗布するための筆は何年も蓄積された落とし物を活用。

学校は全体が雑庫のようなもので大抵のものは揃うのである。宇奈月小学校は各部屋に鍵をかけない習慣があって、子どもたちもどこに何があるのかよく知っている。

ブランクは、ほとんど修正の必要がなかった。極端に弱いティップ（先端）をカットし、全体の調子を見ながら、ガイドの位置を決める。ラインを通し、全体の曲がり具合を見て、絆創膏で仮止めしていく。僕が作ったものが子どもたちの基本になるのだから、慎重になる。僕だって子どもたちと同じ素人なのだ。

とりあえずガイドの位置が決まったので、体育館で振ってみることにした。まるで、ハメルーンの笛吹きみたいに子どもを引き連れて体育館に向かう。みんな何度もキャスティングを見ているのだが、目の前で作られたロッドだけに興味津々だ。僕もちょっとたかぶる。

ラインをガイドに通す。リールは左のポケットに入れて、必要な長さだけを出しておく。折れないかな…、投げられなかったらどうしよう。子どもたちが見ていない時に、一度振っておくんだった。いつものことだが、ここで今起きることは、何かを決定してしまう力を持っている。

思ったよりもロッドが硬い。極端な先調子である。ホテイチク独特の根元の節目を握って、ラインを後ろに跳ね上げ、前に投げた。ラインがぴんと空中で伸びて床を滑るように落ちた。もう一度。今度は前後に繰り返してみる。投げられる！　僕自身が初めて振るバンブーロッドだと気がついた。子どもたちには初めて見るバンブーロッドのキャスティングだ。

ラインを一回、二回、三回と前後で伸ばしていき、最後に前へ放り投げた。いつものように不思議な力が僕を後押ししたのか、ラインは体育館の壁に音を立てるように勢いよくぶつかった。これで、まだ夢を見続けられる。

興奮気味の子どもたちを引き連れて、急ぎ足で〈とまと学級〉にもどり、ガイドのワインディングを始めた。「どうせ作るなら美しいものに。」と言っていた山城さんの言葉を思い出して緊張する。机を支えにして、できるだけ余分な力をかけぬようにして、ゆっくりゆっくり巻いていく。

子どもたちは休み時間ごとに覗きに来ては、作業の進行状態を確認していく。かなり丁寧に巻いたつもりだが、仕上がりは全く素人仕事だ。

夕闇が辺りを包むころ、ようやく巻き上がった。僕の処女作だ。近代スキー発祥の地にちなんで「モルゲダール」と名付けた。六フィート、五番、一ピース（継ぎのない一本もの）のバンブーロッドである。

作り手の顔をした竿

翌日から子どもたちの作業が始まった。

リョウマとコーイチがまず、取り組む。作業の開始に合わせてリールとラインも買った。リールはとにかく一番安いもの。ラインは半分に切って分けた。一五ヤードでいい。そうやって安くする。それでも結構な値段だが、考えられる最低価格だろう。

ガイドの位置を決めるのに何日かを費やす。テープでガイドを仮止めして、そのブランクが曲がりたいと思っている場所を探す。体育館で何度も竿を振る。位置が違うと思えば、そのたびにテープを巻いてガイドを移動させる。一本一本がまったく別の表情を見せるのだ。これと決心がつくまで何回振っただろうか。

埼玉のうらしま堂さんが、商品にできないガイドを「教材」として譲ってくださることになった。それで少し贅沢に使えることになり、ガイドの数もロッドによってまちまちである。

ワインディングは難しい。何度も巻き直す。根気のいる作業だ。うまくいったと思っても、前に巻いたところが気になると、また巻き直す。山城さんが言ったように、美しいものにしたい気持ちはきっと誰にもあるのだろう。それだけフライロッドが道具として人間に馴染んでいるということか。

リョウマが最初に仕上げた。家に持ち帰り、一晩中かかって巻き上げたようだ。朝、〈とまと学級〉にそのロッドは立てかけてあった。どこか誇らしげですがすがしいロッドだ。リョウマがそういう人間なのだろう。後から作り始めたジュンがコーイチに追いついた。それでもコーイチは悠々としている。なるほど、コーイチのロッドはコーイチのような面構えに仕上がるのだろう。

ヒロシは、卒業準備よりもロッド作りに熱心で担任の教師に叱責された。職員室では僕がそそのかしているみたいに言われているのだろう。そうではないと明言できないから反論もしない。今、一番重要だと思うことに力を注ぐ。それはそれほど悪いことではあるまい。

卒業はヒロシにとって宇奈月小学校との別れであると同時に、〈とまと学級〉との別れであり、〈フライ教室〉との別れでもある。時間の許す限りここにいたいと思うのなら、いさせてやろう。

バンブーロッド作りの噂を聞きつけて、中学に進んだ〈フライ教室〉の同窓生たちがやってきた。〈とまと学級〉の窓明かりを見つけて、遠慮なく入ってくる。彼らの態度は、ヒロシたちの救いでもあった。
卒業がすべての終わりを告げるわけではない。

黒部川からのプレゼント

何本かのロッドが揃ったのは、三月の解禁を過ぎてからであった。黒部川排砂の影響で、しばらくは釣りにならないし、あんなに臭い川へは行きたくない。放課後は、キャスティング練習とクロスカントリースキーでばかり遊んでいた。だが、雪はもう少ない。
ホテイチクの根元の太い部分をグリップ（握り）に見立て、ロッドは一応使えるようになった。だがリールシートは高価だ。ポケットに入れておくのでもいいが、リールはやはりロッドに付いている方が、あの、例の、ああいった、フライロッドに近いではないか。そこで応急的にスピニング用の簡単なリールシートをつけた。いずれ気に入ったグリップやリールシートがあれば、そのとき自分でつければいい。（その後、『ますの寿司』の容器に使われているゴムがリールを固定するのに好適と判明）
春の日差しが戻ってきたころ、たまらなく川に出た。その日は、卒業式だった。ヒロシやジュン、カツノリたちが小学校から巣立った。午後、コーイチや誕生日にフライ用具一式を買ってもらったヒロアキらが想影橋の下に集まり、何となく〈フライ教室〉の卒業式みたいになった。
コーイチはバンブーロッドの竿おろしだ。しかし、まだたくさんのヘドロが堆積し、とても魚など釣れそうにない。ましてフライでどうこうできそうには思えない。岸沿いは泥に足がとられて危険でさえある。ところが、排砂でたくさんの魚が浮いたのに慌てた電力会社が養殖魚を大量放流したという噂があり、それも本当かと思わせるほどルアーに反応がある。コーイチも竿おろしそこそこにルアーロッドに持ちかえる。

それぞれの気持ちを察してか、その日、黒部川は三〇センチ級のイワナを僕とコーイチと、そしてヒロシにプレゼントしてくれた。小さいものは、ほぼ全員にまんべんなくいきわたった。魚体はいずれも放流魚とは思えないほど美しい。また何か目に見えないものが味方してくれた。居心地のいい時間が過ぎる。イワナが僕たちを幸せにしてくれた。

ヒロシはこのイワナを今日まで担任だった高瀬先生に贈るという。その夜の学校の打ち上げの酒宴に僕が持ち込むことにする。コーイチの生家は旅館で、大きなイワナをぶら下げていっしょに顔を出すと、従業員が驚きの眼差しで見た。

すすめられてお風呂に入ると、大浴場の大きな窓からは、さっきまで僕たちが立っていたプールが見渡せる。コーイチはまだどきどきしていると言う。ヒロシは先輩面でうんうんと肯く。幸福なシーズンがまた始まったのだ。僕たちのバンブーロッドが大きくしなる日も遠くない。

旅館の勝手口で帰り支度をすると、あたたかい光に包まれ、春の匂いがしてきた。見上げるスキー場も間もなく店じまいだ。ヒロシは何か言いたそうだ。それらしい言葉を探しているのだろう。ジュンは同じ中学に進むが、この街を離れる。

僕にも別の環境が待っていた。それは、宇奈月小学校とのしばらくの別れを意味していた。

第七章

新しい〈フライ教室〉へ

春の気がかり

黒部川に雪代が出始めると、一挙に身辺が騒がしくなってきた。三月は学校の年度末。新しい門出の季節だ。今年も笑顔と涙と希望を残して、子どもたちが卒業していった。同時に人事異動の季節でもある。宇奈月小学校に満六年。いつ異動があっても不思議はない。

六年前、正確な場所も知らなかった宇奈月小学校に赴任したことが、僕自身の世界をこんなにも広げた。黒部川に最も近い、そして、学校としては最上流部にある宇奈月小学校がフライフィッシングと出会わせてくれた。

教員の異動のサイクルはおおむね三年から五年。六年を超えるとさすがに異動の対象になりやすい。どんなにうまくいっていても新陳代謝は必要なのだ。僕はまだ、宇奈月小学校にやり残したことがあるように思えて仕方がない。ようやく初めの一歩を踏み終えたところとも言える。一人の教師の転出でそれまでの仕組みを維持できなくなる、そんな光景は嫌になるほど見せられてきた。さらに、この年二月の黒部川の上流、出平ダムの試験排砂のすさまじい光景が、僕に宇奈月に踏みとどまることを望ませていた。

母校に大学院が設置され、現職教員を定員の三分の一受け入れるという。これまで一〇年間の教員生活を振り返る機会を探していた僕はそれに応募した。幸いにも長期研修の推薦をいただき、受験も乗り切り、四月から宇奈月小学校に籍を置いたままで、大学院生としての研修の日々を過ごすことになった。それは宇奈月小学校に残るための姑息な延命策でもあったかもしれない。

大学院修士課程は二年間で修了するが、現職の教員の場合、最初の一年を大学で過ごし、二年目は学校に勤務しながら修士論文に取り組むことになっている。今年はともかく来年は異動に巻き込まれず宇奈月小学校で再び過ごすことになる。

自分が希望したこととは言いながら、気掛かりもないではない。

おまえ、〈フライ教室〉をどうするつもりだ。

〈フライ教室〉の行く末

四月。始業式、離任式、新任式、そして、担任発表。おきまりの行事が続く。いつものように担任への興味は募る。校長の言葉に子どもたちが敏感に反応する。昨年は僕が〈とまと学級〉を担任するというので、何人かの子どもたちの動揺を誘った。今年は、いつになっても「本村先生」という名前が出てこない。

最後に、校長先生から僕の今後の身分について事情が話された。四月の中頃、僕は一年の期限付きだが宇奈月小学校を離れる。〈フライ教室〉は…、終わらせるわけにはいかない。それをまだ必要としている子どもたちがたくさんいるのだ。そして、その教室の扉を開けたのは僕で、きまぐれでやめてしまえるものでもなかった。

「先生、学校におらんようになるんけ。」

教室へ戻る子どもの群れから少し離れるように歩み寄ってきたリョウマの一言で、自分の選択が重いものだと気づかされた。コーイチは寡黙な視線で僕に語りかける。講堂を出ていったはずのヒロアキが入り口まで戻ってきて、こちらの様子を伺っている。

「いや、四月の二〇日過ぎまではいるよ。給食の後や放課後にでも、ゆっくり遊べるよ。」

その答えが気安めだとはわかっている。現実には彼らは新しい担任とその時間を過ごすことだろう。四月はそういう月だ。リョウマも、コーイチも六年生。これまでとは違う学校生活が待っている。しかし、残された二週間を密月だと信じる以外に僕らの行き先を見出すことはできなかった。

大学院の入学式まで担任も授業もなく、これといった仕事もない。毎日学校のパソコンの設定と、南庭自然観察園と池の世話、ハーブの育苗、ロッド片手の黒部川の河原の自然観察研究。窓際族と呼ばれる人々の気持ちがよくわかる。新年度の張りのある空気の中で、自分だけ置いてかれたような気になる。

夕暮れの太田文庫で

これまでの〈とまと学級〉もなくなった。新しい子どもを迎えて、〈たんぽぽ教室〉と名前を変えてしまった。〈フライ教室〉は移転だ。空き教室を使って子どもたちが学習資料を調べる部屋がある。書籍や資料を提供した人物の名前をとって太田文庫と名づけられたその部屋は、最近リニューアルされ、ずいぶん明るく、そして、親しみやすい多目的教室になった。これを使わない手はない。

僕の荷物があるのを見つけて、誰ともなく太田文庫にタイイングの用具を持ち込み始めた。僕がいなくてもここが〈フライ教室〉にならないものか…。淡い期待をもって机を整理してみた。書棚に囲まれ春の光の中でぼんやりとフライを巻く。

学校じゅうが奇妙に静かだ。授業中らしい。ときどき階下から入学したての一年生の歓声が聞こえてくる。そうしていると、本当にこの学校に職場がないことを実感させられる。覚悟はしていたが、それはやはり辛いことであった。心を反映するのか、放課後の川で僕のフライに反応する魚も少なかった。

休み時間になっても、なかなか子どもたちはこない。じっと待ってみるが、やがて授業の開始を告げるチャイムが鳴る。急に花冷えが感じられる。もともとこの部屋は人の寄りつかない場所だったのだ。いや、そうではない。何より、僕自身の居場所がこの学校にはない。そういうことだろう。

僕の教室に行けば、僕に必ず会える。フライフィッシングの話や山や川の話ができる。そのことが〈フライ教室〉を作ってきたのだ。太田文庫にフライの用具を置いたところで、そこを使っていいよと言われたところで、しょせん僕の教室ではない。〈フライ教室〉は場所の名前ではなく、子どもたちが僕を巻き込んで作る空間を指す言葉だったのだ。

夕暮れの太田文庫で考える。こうして何かが一つ終わっていくのだとしたら、また一つ何かが始まらなければならないはずだ。立ち上がって窓の外を見ると、南庭自然観察池の周りに中学生たちが集まっている。僕の噂をしているらしい。池のゆく末もまた彼らの気がかりなのだ。新しい何か。次善の策ではなく、もっと前向きで展望のある新しいやり方…。誰に頼れるわけでもない。

新・フライ教室

そのアイデアがこれまで思い浮かばなかったのは不思議と言えば不思議だった。きっかけの一つは、前年の社会教育主事講習であった。隣県の金沢大学まで往復二〇〇キロを四時間かけて一ヶ月間通い、午前三時間、午後三時間の缶詰講義を受講した。五日間の現地研修と紀要の原稿、研究発表と密度の濃い夏を過ごした。

社会教育主事とは、公民館や図書館、博物館、美術館などの施設、あるいは教育委員会などで、学校教育以外の教育について企画運営する専門職員のことだ。生涯学習社会と呼ばれる時代の流れや、学校五日制の実施とともに、子どもたちの「受け皿」を用意する仕事がクローズアップされていた。その資格取得のための講習会である。

生涯学習の考え方は、自分にしっくりくるものがあると同時に、切実に迫ってくる問題でもあった。しばしば誤解されているようだが、教育が学校だけの役割でないことは当然である。人間は生涯を通じて学習する。そのことはフライフィッシングの愛好者にはよくわかってもらえる話だろう。学校での勉強は嫌いだったのに、好きな趣味のこととなると実に熱心になる。本も読み、やたら論理的で饒舌になる。そんな人は多い。生涯学習とは、そうした人間の本来の性質に応じて年齢や時間、土地の制約を越え、学びたいことを学べる教育環境を整備しようとする考え方なのである。

フライフィッシングを学ぶ。そのことが多くの新しい視点を生み出すことは、これまでの〈フライ教室〉がよく教えてくれた。そして、学習の欲求に応じてどんなものも教師になってしまうこともわかった。〈フライ教室〉は子どもたちを軸にして、あらゆる人々に向けて拡がる。〈フライ教室〉を生涯学習的に展開させること。それはいつか踏み出すべき道筋だったのかも知れない。

宇奈月町には教育センターという施設があり、子どもたちを対象にいくつかの講座を開いてきた。僕も夏休みや冬休みにはしばしばパソコン教室を担当して、宇奈月小学校以外の子どもたちとも親しくつきあわせてもらっていた。

同じように〈フライ教室〉をやってしまえばいいのだ。学校が休みの第二土曜日を使えばいい。すでに卒業してしまった子どもたちや他の学校の子どもたちも受け入れることができる。足下のもやは最初から晴れていた。姿勢を低くしてみれば、元々見通しはきいていた。

アイデアがプランになり、さらに現実になるまでほとんど時間はかからなかった。これまでのノウハウ、そして社会教育主事講習での学習が活きた。結果的にその講習歴も周囲の僕への信頼性につながった。場所の確保が早かったのもそのためだ。

いよいよ〈新・フライ教室〉がオープンする。しかし、内心の不安は隠せない。果たして、子どもたちはやってくるのか。フライだの何だの言いながら結局教師とかいう権威で子どもたちを束縛していたのではないか。学校を離れてしまえば、僕は単なるおせっかいのおじさんにしか過ぎないのではないか。正直言って恐かった。自分で気がついていなかった仮面が剥がされて、力のなさを剥き出しにされてしまうのではないか、というような緊張に襲われた。

そして五月の第二土曜日。『小中学生のためのフライフィッシング』と名づけられた新しい段階の〈フライ教室〉が開かれた。よく晴れ上がった午前、教育センターの前には、何台もの自転車が並べられていた。知っている顔、知らない顔、どこか照れ臭そうな子どもたちが僕と大和を待っていた。

ことばが出ない

集まった子どもたちを前にして、僕は妙に上ずっていた。嬉しいような恐いような不思議な気持ちだった。しかし、この気持ちどこかで味わったことがある。そう。初めて大和夫妻を学校に招いてフライフィッシングの「授業」をしたあの時だ。

まだ自分自身がフライフィッシングに半信半擬だったのに、大和の自信あふれる語り口に、フライを授業にすることを思い立った。はたして子どもたちが興味を示してくれるか。本当に子どもたちが思いを託せる教材になるのか。そんな力をフライフィッシングの世界が持っているのか。賭けに近かった。

結果、その「授業」の後では、子どもたちはもちろん、誰より僕が、フライフィッシングをたまらなく魅力にあふれたものであると考えるようになった。あの最初の心情に再び出会えた。

これまでは、休み時間という制約はあっても、〈フライ教室〉は基本的にいつだって開かれていた。それはこうやって外部の施設を使うには今のところ無理な相談である。一ヶ月に三時間くらいのわずかな時間に様々な学習の要求に応える。そのことを過剰に考え、切迫した気持ちになっていた。

子どもたちを前に、いくつか話そうと思っていたことばが出てこない。よく考えればそんなものはどうだっていいのだ。教える側が、教えようという気持ちを意識から後退させた時、子どもたちはむしろ生き生きする。それは教師としてこれまで幾度も経験してきた。やりたいことにうまく助言し支援してやればいい。

学校の〈フライ教室〉と違い、ここへやってきただけで彼らには学習のモチベーションが成立している。それを活かせばいい。重荷を背負う必要はない。これ一回で終わりでもない。来月、また会おう。間が空いてしまうのは悔しいが、いまはスタッフが足りない。使えるホテイチク・ロッドがもう少し増えたら、黒部川でやろう。きっと。

大人のためのフライ教室

〈フライ教室〉の悩みは資金不足である。今まで基本的に自己財源でやってきた。人数が少ないうちはなんとかもっていたが、〈フライ教室〉が広がり深まるにつれて子どもたちの意欲に応じきれない場合もでてきた。サポーターの好意に支えられ、何とかマテリアルやツール不足を補ってきたというのが現状だ。

足りないなら、足りないなりに楽しい。それが僕らの〈フライ教室〉のやり方でもあったし、その思想は絶対に捨てない。しかし、ほんのちょっとのことでもう少し大きな夢が見られるのだとすれば、わずかな資金さえあれば状況を変えられるものなら、欲を張るわけではないが資金が欲しい。

大和のスポーツショップでいつものようにとめどない話をしていると、彼が切り出した。

「大人相手もいいんやないかな。」

「えっ。」

「うん。雑誌を見ると、フライショップでよくタイイングやキャスティングのレッスンやっとるやろ。この辺りじゃそうやって教えたろうって人はいないだろ。」

「まあ、そうやな。スクールってやつか。増えてきたわな。それだけ、フライやろうって人も増えたんやろうな。」

「ロッドは買ってみたものの、バイスは買ってみたものの、結局いい想いができないままになっているっていう人はいるて。」

「で、何か、大人相手の〈フライ教室〉をやろうちうことか。」

「まあ、そいこと。それで、受講料を取るがよ。二時間でフライ五、六本巻いて一〇〇〇円くらいは取れるやろう。」

「なるほど、そこかねらいは。」

「五人位来るとして、五〇〇〇円。月に二回やれば、一〇〇〇〇円やろ。それを一年続ければ、子どもたちの〈フライ教室〉をやっていく金くらいにはなる。うまく行けば、子どもたち用のロッドやなんかを何本かこっちで用意してやることだってできるちゃ。」

「しかしさ。しかしだよ。俺たちが大人相手にフライ教えるんか。俺だってビギナーみたいなもんだよ。やれるのかな。しかも、金を取ろうというんだから。下手すりゃ、お前、詐欺だよ。」

「そうでもないって。子どもに教えれるんやから。スキーだってそうやろ。子どもに教えるのがベテランの仕事なんやぞ。そっちの方が難しい。」

「そりゃそうやけど。」

「だいたい、教えるのはあんたの本職なんやから。」

「たしかに、夜なら平日でも宇奈月の子どもらだって来れるしな。ちょっと夜遅くなるのは気になれど、まあ親の送迎がありゃあね。」

「そやろ。やれるんじゃないかな。ま、エキスパートが来ると困るから『初心者のための』とか何とかすればええて。」

おっかない話である。たしかに、子どもに教えるのはとりあえず本職だが、それでさえ一歩学校を出てしまうと途端に自信を失う。大人相手となるとそれなりの研鑽がいる。がしかし、子どもたちのために何とか自分がふんばるべきなのだとも言える。選択はない。

町の公民館を会場に決めた。幸いこちらの趣旨を理解していただき、月二回の使用料は社会教育団体扱いで無料になった。ビデオを使うこともあるので、視聴覚室を借りた。キャスティングの練習もしたいが、夜間では駐車場というわけにもいかず大ホールの使用を打診すると、問題なく承諾を得た。これでもう退けない。

開催の案内は、周辺の町のアウトドア好きが集まりそうな場所や、釣り具店に置いていただくことにした。うまいビラが書けない。学校の行事ならよほどのことがない限り子どもはやってくるが、これからやろうとする活動は、まず人集めから仕事が始まる。学びたいと考えている人にちゃんと情報が届かなければ、やっていないのと同じことになる。

初日の不安

最初の日は、子どもたち向けの〈フライ教室〉よりもずっと不安だった。これこそ全く未知の経験だ。必ず来ると約束してくれたのは、つい数ヶ月前一〇年振りの再会を果たした谷井さんだけ。

谷井さんは、学生時代アルバイトをしていた喫茶店のお客さんで、ある地方銀行に勤務していた。卒業後はお互い会うきっかけをつかみ損ねていた。ところが、谷井さんが宇奈月温泉の支店に転勤してきたのである。

ある日、職員室を窓越しに覗き込む谷井さんの顔を見つけた。さっそく学校へ招き入れ、消息を話すうち、「俺にフライ教えてくれんけ。」と切り出した。人生こういうことがあるのだ。もしかすると一生あいさつを交わす程度の仲で終わったかもしれない人と人を、フライフィッシングが結びつけた。

〈大人のためのフライ教室〉のプランに、谷井さんはふたつ返事で参加を約束した。確実なのは、彼一人である。子どもたちの〈フライ教室〉を取材に来て自分がはまってしまった新聞記者の乳井さんは、職業柄何か起これば来られない。

「まあ、誰も来なけりゃ、三人でフライ巻いて、ビデオ観て、それでいいにか。」

大和も僕も最初からそう言い訳していた。谷井さんに勉強してもらえればいいことだ。なにせ最初なんだから。

会場には時間ぎりぎりに着いた。宇奈月小学校に置いたままのタイイングツールやマテリアルを取りに行っていたのだ。すでに谷井さんは玄関先で待っていた。まだ明るいので、黒部川を冷やかしてきたらしい。実績は上がらなかったようだが…。

視聴覚室で準備を始めると、どこかで見たことのある人物がやってきた。子どもたちがいつもお世話になっているこんたに釣り具店の社長さんである。神谷《こんたに》さんは黒部川内水面漁協の組合長だ。黒部川排砂の時、音沢の河原でヘドロに埋もれたトビケラを、哀しげに見つめておられたテレビ画面を思い出した。

店でフライフィッシング用品を扱っているが、お客さんにもっといいアドバイスができるよう、せめてタイイングがうまくなりたいのだと言う。さらに子どもたちの〈フライ教室〉の時、たまたま同じ建物の二階で娘さんのパソコン教室につきあっていた大坂さんもやってきた。大坂さんはフライロッドを持っているが、どうにもうまく行かず、今はホコリをかぶっていると告白する。

これで十分だ、これでいい。輪は少しずつ広がればいい。僕らの力もそれに合わせて少しずつ高まっていけばいいのだ。こうして〈大人のためのフライ教室〉が始まった。予定の二時間はすぐにすぎた。あたたかい夜だった。

子どもと大人と

こうして始まったふたつの〈フライ教室〉は、僕らの力を少し超えるペースで順調に進んでいった。季節が上向くと、教室は黒部川にも移動した。

子どもたちは初夏のさわやかな風を受けて水温む時間に川と戯れる。ロッドも使わず手に持った糸にフライをつけただけの簡単な仕掛けでイワナをかける。山田兄弟は、海の投げ竿にスピニングリールをつけ、ハリスにおおきなカミツブシをかまして、フライを投げた。以降、この釣り方は〈山田メソッド〉と呼ばれることになった。自分が用意できる道具で、できる釣りをする。フライロッドがなくとも、それは理念としてフライフィッシングから外れない。

大人たちはイブニングライズを狙う。数日前に谷井さんが初めての魚をあげたポイント、「谷井さんのプール」でライズを釣る。神谷さんの紹介で〈フライ教室〉に来た大阪出身の中村さんは瀬からきれいなイワナを出した。乳井さんはまだ釣りそのものに慣れないのか、次第に暗さを増す河原でしょっちゅう座り込んで指先を動かしていた。

釣れても釣れなくても、ここに立っているだけで幸せな時間が流れる。それは、僕ばかりでなく他の人々にとっても同じことらしかった。温泉の光が川面に美しく映えていた。

ある夜、ヒロシがやってきた。〈大人のためのフライ教室〉は、子どもたちにも開放していたが、実際に来たのは彼が最初だった。「最近巻いてないから」とか言いながら、あっという間にスタンダードフライを巻いてしまう彼に、社会人たちは大いに賞賛の声を送った。中村さんはさっそくヒロシにタイイングのレッスンを受けた。

ときとしてイワナや川虫さえそうであるように、ここでは求められる力に応じて誰もが先生になる。〈パラシュートのコーイチ〉も来た。彼のパラシュート・ボディのテーパーの具合は、大きな手でダビングに苦労する初心者たちにはうってつけの教材であった。

ふたつの〈フライ教室〉をつなぐもの

そうした光景を見ながら、僕には新しい夢が生まれ始めていた。

ふたつの〈フライ教室〉を始めたのは実は偶然ではなかったのかも知れない。フライフィッシングの魅力を知った人々の多くが希望の未来を、自然の素晴らしさを、この光景を子どもたちに残すことを熱っぽく話す。人が本来持っている感性がフライフィッシングによって刺激され、想いを募らせるようになるらしい。この人たちが子どもたちの先生になるとしたら…。

これまで僕と一番の理解者である大和が、直接子どもたちにかかわってきた。その限界がそろそしまう可能性を避けきれない。このままでは僕と大和の都合だけで〈小中学生のためのフライ教室〉は消えてしまう可能性を避けきれない。〈大人のためのフライ教室〉では現実に世代間交流が生まれつつある。「うちの息子とフライフィッシングをやりたい」と世代を越える思いを話す人も少なくはない。

ある日、ホテイチク・ロッドを延々と振るコーイチの姿を、多くのフライマンが自分の釣りを忘れて見つめていた。その眼差しを忘れられない。あの瞳の奥にはどんな感傷があったのか。子どもはいつだって未来だ。フライマンが子どもたちのために力を尽くせることがありそうだ。そして、そうしたいと願う人も必ずいるはずだ。

それまで全く見知らぬ関係だった大人と子どもが、フライフィッシングを通じて交流する、そんな光景が実現できれば、それが本当の〈フライ教室〉であるような気がする。〈大人のためのフライ教室〉は、資金補填の場というより、人のつながりにこそ意味があったのだ。結果的にそうなったとはいえ、そこに気付いたことが大きい。

〈フライ教室〉は、「子どものため」「社会奉仕」「自然を守る」という義務感や倫理観からではなく、まして学校という制度から始まったのではない。お互いがフライマンであることにおいて、自然につき動かされる本能的で純粋な心情に従って、子どもが大人に学び、大人が子どもに教えられるそんな教室。これこそ、僕が目指すべきものではなかったのか。

忽然と視界が開けてきた。

第八章

夢はかなう

渇水の夏

その夏、水の王国と言われる富山県でも、多くの河川がかつてない減水した姿を見せていた。僕の家に近い小川や笹川はふだんの夏でもかなり水が少なくなる。それはある意味では健全な川の姿でもあるわけだが、この年、農業用水の取り入れ口より下流はまったくといっていいほど水がなくなっていた。

ちょっと気の早い植物が、水底にあたるところに丈を伸ばそうとしている。前年の米の不作が、農業用水の確保に熱を入れさせた。「コメ騒動の春」に続いて、どこか懐かしい響きの「水争いの夏」である。川への意欲も暑さと反比例して次第に萎えていった。

夏休みの〈フライ教室〉は、どうしても黒部川でやりたかった。夏の黒部川で水に戯れ、水辺の一日を楽しみたかった。何かの弾みで誰かに大きな魚でもかかれば、それで十分幸せになれる。

八月初旬、黒部川の河原に立った。愛本橋下流には、ほとんど水の流れがない。河口近くに住むという老人が、こんなのは初めてだと、そこで会ったばかりの僕につぶやく。長い間黒部川を見てきたがこんな姿は見たことがない、と繰り返す。ぼんやり川を見つめて、何歩か下流に歩いて、誰に言うでもなくつぶやいて、再び僕の顔を見るように歩みよって、同じつぶやきを繰り返す。ずっとここにいて、川を嘆いているのだろうか。僕にはそう思えて仕方がなかった。

今年、黒部川は春からどこかおかしかった。解禁を翌日に控えた二月最後の日に、黒部川を大量のヘドロが流れ下った。上流にある出平ダムの排砂ゲートから流れだしたヘドロが、下流の川を黒々と染めていったのだ。その光景を見たものの多くは、黒部川が死んだと考えたに違いない。子どもたちもそう思ったし、大人がそんなふうに話すのをたくさん聞いた。

〈もう、だめだ。釣れない。〉

そう思うのが自然だった。子どもたちは、それでも、川に立ちたい。三月も半ばを迎えると、気温の上昇とともに、心がどうしても沸き立ってくる。とにかくやってみようと、何人かがあきらめ半分で竿を出した。すると、これが釣れてしまった。

子どもたちの聖地とも言える音沢のサンナドツマキでは、とんでもない数の魚がかかった。一〇人それぞれに一〇匹を下回らない釣果が続くのはどう考えても尋常ではない。ヒロシは電話の向こうで、その様子を話しながら興奮していた。誰でも釣れるから先生も来い、という。口調からサンナドツマキの歓声が見えてくる。
わずか二週間前のあの川のほとりの失望は何だったのだろう。生命を育む川にはどうしたって見えっこなかったのだ。

二度目の排砂

黒部川は大量の土砂を下流に供給し続けてきた。厳しい峡谷は、崩壊の激しさを映している。下流部に長い年月にわたって巨大な扇状地を作り、何層にも重ねられた地層は、伏流水を研ぎ、俗に言う「黒部の名水」をつくる。しかし、電源開発とともに作られたいくつかの巨大ダムが土砂の流出を阻み、海に突き出した扇状地の扇端部は富山湾特有の強い波に削られ、次第に海岸線を後退させていったと言われている。

かつての砂浜は完全に姿を消し、ブロックが連なる人工海岸がかろうじて浸蝕の進行をくい止めている。その画期的な解決策として期待されたのが、皮肉にも出平ダムの排砂ゲートであった。ダムの寿命は流入する土砂の量で決まる。次第に埋まっていくダム湖の底が取り入れ口に達したとき、有効貯水量はなくなる。

ダムの底にたまった土砂をもう一度河川にもどすことができたら、浸蝕と流入のアンバランスを是正し海岸浸蝕の進行を抑え、結果的にダムの寿命も延ばせるのではないか。本体の寿命さえ来なければ、いつまでも使えるダムを作れることにもなる。そのアイデアを実現する装置が、取水口のさらに下部に設けられた排砂ゲートであった。

自然と人間。出平ダムの排砂ゲートは、黒部川を克服しながらも、しばしば垣間見せられる自然の底力に時として屈伏してきた人間たちが見せた、黒部川の環境と開発との共生への優れた解決策の一つでもあったのだ。

しかし、人間のなすことに誤算は常につきものである。流れ込んだ植物などの有機質が、堆積物を予想外の速度でヘドロ化してしまっていた。黒部川の水温と有機質の量からは、それを事前に推測できなかったという。溜まり始めた土砂が排砂ゲートに達するまでに数年。その数年の間に、本来自然に帰すべきものが腐敗臭の漂う異物に変わった。

二度目の排砂は、多くの人々の衆目を集めながら、行われた。「試験排砂」と言われながら、その光景はこれが試みではないことを実感させた。川全体が異臭を放ち、晴れ渡った空と対象をなす。これが黒部川か。やがて、その光景に驚いた関係者が、黒部川に養殖魚を大量放流したという噂が流れた。

成魚放流された魚たちは、安易に釣れてしまう。ときどき川底に残ったヘドロの残留物が巻き上がり、排砂の景色を思い出せと訴える。しかし次々と現れる魚の姿に、記憶は不鮮明になっていくようでもあった。一体、川に何が起こっているのか、いよいよわからなくなっていく。

そして、暑い渇水の夏がやってきた。川はどうなっていくのか。老人の目はいつまでも生命感に乏しい白い川底から離れなかった。この夏の黒部川の記憶だけはどうしても残しておきたい。次世代を育む役割を担った教師の僕が老人の嘆きに答えるには、それしかない。

いったい、いつになれば風が吹き、大地が潤うのか。愛本橋上流の水は、これが黒部川かと思うほど情けない流れだが、かろうじて流れを保っている。夏休み最後の三日間に夏の記憶を残そう。

最後の〈フライ教室〉

三日連続の〈小中学生のためのフライ教室〉。宇奈月温泉から、音沢、内山と、宇奈月小学校全校区を釣り下る。これまで子どもたちが遊んできたポイントを、すべて釣り歩こうという企画だ。そうやって、自分たちのこの夏の身体に記録を刻もう。

これまで〈フライ教室〉にかかわってきたすべての子どもたちにダイレクトメールを送った。いったいどれほどの子どもたちが参加するのか、ちょっと見当がつかない。もしかすると誰も来ないかも知れない。ほんの少し学校を離れているだけで、そんな弱気になる自分に気づいた。堂々としろ、堂々と。僕の弱気は子どもたちを挫けさせるだけだ。

この〈フライ教室〉で終わりを告げるものがある。たぶん、今回が最後になるはずだ。僕と大和だけが子どもに顔を見せる〈フライ教室〉がこれで終わる。この次からは、フライフィッシングを通して得られた仲間たちによって営まれるはずである。まだその動きはないが、確信できる。

フライフィッシングを通じて自然と語り合おうとする人々の多くは、子どもの未来を閉ざしてはならないと考える。そして、できれば子どもたちが山川野に遊び、学べる環境を用意してやりたいと考える。大人相手の〈フライ教室〉は、子どもの未来と大人の夢をつなぐはずである。その時、子どもたちの〈フライ教室〉は僕だけのものではない、そうした人々の思いをつなぐ場所になっていく。そうなるべきなのだ。

学校の教室では、これまでと変わらず〈フライ教室〉が動いていくのであろうが、それがすべてではなくなる。大きな広がりをもった〈フライ教室〉の一部として機能するようになるのだ。だからこの三日間は、僕らのひとまずの卒業式だ。〈フライ教室〉は、発展し、成長するのだ。

最初のポイントの宇奈月温泉。いつもの想影橋の下、桃源の露天風呂前でロッドを振り始めるが、まったく釣れそうな気配がない。ここはウグイが驚くほど群れている場所で、何とかウグイでもと思うがまったくどうしようもない。しきりに水筒に手が伸びる。ルアーでも釣れそうに思えない。

八月の終わりを迎えても、川は猛烈に暑い。一向に夏の勢いが衰えない。熱気が河原を走る。魚を見ずに一日目は終わった。何かを期待してきた子どもたちのさみしそうな姿を思いだすたびに、ずしりと身体が重くなる。温泉から流れ出たごみさえ腹立たしく見えてきた。

翌日の音沢もまた暑い。川の反応もほとんどない。絶好のポイントへの二投、三投…、どうにもならない。子どもたちもついに水に入って泳ぎ始めた。それが自然だ。いいさ、釣りは。それにしても気持ちよさそうだ。君らなら、川で泳ぐのが禁止だなんてうそだ。場所を間違えなければプールよりなんぼも安全だよ。アズサの泳ぎはほとんどターザンだ。うまくなった。

水が肌にまとわりつくようだと誰かが叫んだ。子どもは魚といっしょで、流れの上流に向かって泳ぐ。サンナドツマキでだめなら、今日はこれでおしまいだ。

サンナドツマキは大きな淵の名前である。地元の人々がそう呼ぶので、僕らも同じように呼ぶうちに、ちょいと略して「サンナ」ということが多い。他の地方にもそんな呼び名のある場所があるのかと思い、いろいろ調べたがほとんど見つからなかった。

黒部川が安定した流れを持たなかったためだろう、川の地名はたいていは人工的な建造物や川への降り口の名前で呼ばれている。黒部の奥山にサンナビキ山というのがあり、水が渦巻いているのをこの地方で「どつまく」と言うことがあるので、それに何か意味があるのだろうが、「サンナドツマキ」と口に出すのは何だか黒部川の秘密を知ったようで快い。

ウグイを三匹

結局、サンナドツマキもスイミングプールになった。ライズするのは子どもばかりである。いずれも一〇年魚だ。泳いで魚捕まえて来い、なんて無責任な声も飛ぶ。対岸に落ちていたカモシカの頭蓋骨を頭に乗せて泳ぐ。川遊びは楽しい。パンツだけの裸でルアーを引いていたケンちゃんに魚がかかった。ウグイだ。二〇人ばかりの子どもたちから一斉に歓声が上がる。これでいいじゃないか。今日は十分楽しかった。

夏休み最後の一日。宇奈月小学校にもっとも近い内山が最後の釣り場だ。いつもの「野焼きの丘」の下の「内山のプール」に魚のライズが見られる。ウグイだろうが、今日は川の神様が魚を集めてくれた。いつもは慎重に慣らしをする子どもたちが、今日はいきなり狙ったポイントを攻める。僕はプールの一番下から子どもたちの残りをうかがった。ルアーを投げていた子どもたちから声が上がる。釣れ始めた。

目の前のライズに毛バリを落とす。いきなり、ウグイが出る。いくらでもかかりそうだ。釣れれば単純にうれしい。上流を見上げると何本かの竿が次々に曲がっていく。「山田メソッド」の山田兄弟にもウグイがかかる。イワナとかヤマメとかではないが、魚の姿を見るのはいい。やっぱり、川には僕らを見守る何かがいる。

ずいぶん上流にいたヒロシが、ウグイを三匹腰にぶら下げて、のんきに河原を歩いてきた。

「どうする気だよ、ウグイなんか。」

「神谷さんが釣ってすぐシメれば小骨が広がらないっていうから、キープしてみたんだ。だめなら犬か猫にでもやるよ。トンビでもいいしね。」

気がつけば夕暮れが近い。いつまでも暑い暑いと思っていたが、もう夏の終わりなんだ。明日から二学期だ。また学校が始まる。すぐ運動会だ。あっという間に釣りのシーズンが終わる。

フライフィッシャーズ・キャンプ

九月末、黒部川右岸、墓ノ木自然公園で、「フライフィッシャーズ・キャンプ」を呼びかけた。〈大人のためのフライ教室〉の参加者が集まって、それぞれにとって様々な思いが交錯したこのシーズンを振り返ろうというのだ。

むろん、子どもたちも参加する。二泊三日の日程でベースキャンプを設置し、それぞれの都合に合わせて自由に出入りしていいという計画を立てた。卒業した教え子たちがキャンプを待望していた。宇奈月小学校では六年生の夏にキャンプが行われる。そこらにあるようなキャンプではない。生きる力が試される。からだと知恵と笑顔を存分に使う。小学校生活を通して、とりわけ強烈な思い出だったのだろう。

懐かしい顔が次々にやってきた。〈大人のためのフライ教室〉のメンバーも集まり始める。子どもたちはいぶかしそうに彼らを見るが、僕と親しそうに言葉をかわす様子を確認して、安心したかのように垣根を取り除く。世代の違うものをつなぐのが僕の役割らしい。

テントのすぐ横を、黒部川の河原の中を流れる小さな支流が流れる。ウェーダー（長靴）のままキャンプ生活ができるフライマンにとって格好のキャンプ場だ。海を越えて遠くに見える能登半島の山々に日が傾きかけた頃、ベースキャンプのタープのちょうど真横あたりに、小さなライズが見つかった。どうせウグイだろう。みんなそう考えていた。

情景を一変させたのは、またしてもヒロシである。かかった！　その声がキャンプサイトに響いた。彼が寄せたのは、一七、八センチのニジマス。どうやら、お盆のつかみ取り大会の魚が残っていたらしい。小さいのでうまく逃げおおせたか。五〇〇匹の魚に二〇〇〇人が集まったと聞いていたが、たくましい。

よく見ると小さなライズが何ヶ所かで見られる。さっそく大和がサンダル履きのままドライフライを試してみた。すぐに同じサイズのニジマスを釣り上げる。かなり小さいフライを自然に流さないとかからない。フライフィッシングの教室としては最高の教材だ。

小さな流れに交代でフライを流し始めた。キャンプサイトじゅうの視線を集めてのキャスティングは緊張する。まるで学習発表会に代表でレポートするような気分だと誰かが言った。ラインのループが乱れ、毛バリが木に引っ掛かると思わずごめんなさいと声に出てしまう。何となくそんな感じになってしまう。

ビール片手に参観を決め込んだ者。他のポイントを探しにロッドを手にどこかへ消えてしまった者。釣りなど興味を示さずキャンプに浸るもの。テントの中でトランプに興じる高校生。妻と僕は夕食のしたくに忙しい。スーパーマーケットまで食材を買いに出かけたまま帰らないケンイチとミミ。

イガラシくんは、生まれて初めてのニジマスを釣り上げた。辺りはもう暗かったので魚体をたしかめるためにクルマのヘッドライトへ走る。ミゾグチさんは黒部本流でウグイをあげているらしい。乳井さんもフライフィッシングでの最初の魚を釣り上げた。テレビ番組の取材に入っていた地元テレビ局のディレクターも、たまらずロッドを手にした。カメラマンは、ディレクターのロッドで初めてのニジマスを手にした。神谷さん夫妻は、手作りのおはぎを差し入れてくださった。

コーイチは黒部峡谷鉄道の始発駅近くのセレネ美術館の館長であるお父さんに連れられてやってきた。ホテイチク・ロッドも健在である。

コーイチのお父さんは黒部川に特別の思い入れを持つ人物である。一流の画家に黒部の自然を描かせ続けている。三〇年後、それらの美術が、市場価値とは別の特別の価値を持つと言い切る。感性が豊かな人の心の感動を経由して、高い表現技術で描かれた黒部こそは、ビデオや写真よりも雄弁な語り口を持つのではないのか。コーイチのお父さんはそう考えているのだと僕は勝手に解釈している。

それぞれのシーズンの終わりが来ようとしている。次の春があたり前の春であることを、誰もが願っていた。

卒業文集

三月、久しぶりに学校へ行くと、卒業生の担任が卒業文集を持ってきた。もうそんな季節なのか。自分が学校特有の季節感を失いかけていることに気づいた。四月から宇奈月小学校へ戻ることに不安がよぎる。

リョウマやコーイチ、山田兄なんかが卒業する。彼らと廊下で出会ったが、のんびりと話をさせてくれる雰囲気でもない。卒業する六年生が急に小学校での残り時間をカウントし始め、つまらない話をしながら放課後の教室を去ろうとしないのはこんな頃だ。

帰りの支度をすっかりすませ、机に腰をかけながら、あるいは窓にもたれて、あんなことがあった、こんなこともあったと、とりとめのない話を繰り返す。そのうち、鍵当番の先生が回ってきて玄関の鍵が閉まると聞かされ、あわてて教室を飛び出す。そんな時は決まって、男の子と女の子が交じって話をしている。

いつまでも子どもだと思っていた子どもたちが急に大人びてくるのもこの時期だ。夕暮れの薄暗い教室の光に映える、女性らしい横顔を見つけ、どきっとすることがある。次の瞬間、どうも同じ気持ちで見ていたらしい男子と目が合い、彼は赤くなる。

その夜の寝しなに、もらった文集を開いた。「大空」と題された真面目な文集だ。リョウマはサッカーのことを書いていた。サッカーが好きというよりサッカーそのものに憧れている彼の気持ちがよく出ている。山田兄は夏休みの親子野外活動のことを書いている。渇水の川でイワナを捕まえたことや黒部川で初めて泳いだことをうれしそうに書いている。こんな文章を書くのか。担任じゃないとそこまではわからない。いいな。いいぞ。

コーイチは、〈フライ教室〉のことを書いていた。

毛バリを巻いていた頃

浜田浩一

ぼくは、五年生の三学期、本村先生に教えてもらいながら、毛バリを巻いていました。そして、今も毛バリを巻いています。なぜ、毛バリを巻いたのかというと、毛バリを巻く道具や素材などが寄付されて、本村先生がフライ教室を開いてくれたのが始まりでした。ぼくは、本村先生が担当する野外活動クラブだし、友達も行くので、行ってみました。

フライ教室は、本村先生が担当していたとまと学級で開かれました。最初に毛バリの中で一番基本的なハックルフライの巻き方の手本と、簡単な説明だけで、いきなり巻いてみることにしました。巻き方をもう一度教えてもらったりして、ようやくできあがりました。初めてだったので、当然うまくはできなかったけど、本村先生や、ぼくよりうまい人からは、

「初めてにしては、なかなかうまいよ。」

と、言われました。最初は、あまりよくわからなくて、おもしろいとは思わなかったけれど、それから何本も巻いているうちに、だんだんなれてくると、

「なかなかおもしろいな。」

と、思うようになってきました。

三学期になって、先生がとまと学級にテーブルを置いて、そこに毛バリを巻く道具を置いてくれて、だれでも自由に毛バリを巻けるようにしてくれました。それからぼくは、学校の休み時間と、放課後は、用事のある時以外は、ほとんどとまと学級に、友達と通っていました。

その時に、毛バリの方の種類の巻き方や、つりのことなどをいろいろ教えてもらいました。そしてぼくも、毛バリを巻く道具を、寄付されたものではなく、自分のを買いました。

三学期の後半になると、自分たちで竿を作ることになりました。竹からそのまま作るので、なかなか難しく大変でした。それだけに、竿作りは、強く思い出に残っています。

大きな思い出は、もう一つあります。それは実際につりをしたことです。先生とはいっしょに、二、三回ほどつりをしました。つりは前からやっていたけど、毛バリを使うフライフィッシングは、初めてでした。竿は自分で作ったものを使いました。やりながら先生から、やり方や、手本などがあり、ぼくは先生の言われたとおりにやっていたけど、先生ほどうまく、きち

んとハリを投げたり、ハリを思った場所に落とせませんでした。ぼくが失敗すると、先生は、

「難しいつりだからね。」

などと言っていました。

「その通りだね。」

と思いました。

でも、何度かやっていると、毛バリと同じで、魚はつれないけれど、おもしろくなってきました。先生からは、他に、魚のよくつれる所なども教えてもらいました。

これらのことは、小学校生活の中で、忘れることのできない思い出です。

（宇奈月町立宇奈月小学校卒業文集「大空」より）


当事者の僕が思うのは変かも知れない。しかし、いい話だと思う。こうやって子どもから気持ちを伝えられたのは初めてだ。

「だれでも自由に毛バリを巻けるようにしてくれました。」

そうだ、コーちゃん。〈フライ教室〉は誰にでも開かれていたんだ。君はそう思ってくれていた。僕のことを書いてくれたことよりも、そんな見方をしてくれていたことがうれしい。文集の後半は「ぼくの夢　わたしの夢」と題されて、「僕・私の将来像」が描かれている。ここにもコーイチは、

魚のことを書いた。

「ぼくの夢は、自然の中で良質の魚が釣れる川で、宿泊もできるつり小屋を建てることです。お客さんが釣った魚は調理もしてあげて、自然のすばらしさを教えてあげたいです。」

きっと「良質の魚」ってところを悩んだのだろう。黒部川の現状だと、源流域以外では、天然の、というわけにはいかないし、大量養殖の雑巾みたいなマスは哀れだ。そういうのがたくさん釣れるより、天然と言うわけではなくても、計画的でていねいな放流をすれば、それなりの魚にあふれた川にできるんじゃないか。そう考えたのだろう。

君がつり小屋を建てる川を、これからいっしょに作っていこう。きっと夢はかなう。

第九章

「そこらへんの川」の子どもたち

子どもたちを撮りたい

五月。川は雪代の最盛期にあった。

深夜、日付が変わる頃、電話が鳴った。東京に住む妹だ。声は妙に弾んでいる。

「あ、お兄ちゃん。今、テレビに出とるよ。」

思い出した。そうか、『リバー・ウォッチング』だ。今夜だったのか。

「ほら、ほら。お兄ちゃん、またえらそうに何か言ってる。」

電話を切り、枕元の古いテレビを付ける。ぼんやり眺めていると、いくつかの印象的な光景がよみがえってきた。三月のことだ。フジテレビ系列『ニュース・ジャパン』の中で毎週金曜日に放映されている『リバー・ウォッチング』のスタッフから電話が入った。僕にはその番組に記憶がなかった。その時間まで起きていることはほとんどない。それでも話を聞いているうちに、それとは知らずに見ているらしいことに気がついた。人を通して川を美しく描いた落ち着いた作りに記憶がある。

黒部川はたしかに有名河川のひとつだ。人を容易に寄せつけぬ厳しさと険しさをもつ黒部峡谷はよく知られているし、電源開発の川としても名高い。源流部のイワナは日本最高所に棲むものだし、黒部という言葉にどこか心躍らせる人も少なくはない。しかし、僕に何が語れるのだろう。僕は黒部を際立たせる何ものにも関わっていない。ただロッドを手に河原をうろつき、子どもたちといっしょに川を見つめ考えてきただけだ。

僕の疑問はスタッフの「子どもたちの姿を撮りたい」という言葉で解消した。映画『リバー・ランズ・スルー・イット』のシーンを思い出した。映画の最初の数分間、幼い二人の兄弟の情景が描かれる。厳格で敬虔な父親に、教義を学び、説教をふくむのと同じように、彼らはフライフィッシングを学び、川を知る。僕はあの光景が好きで、そこばかり繰り返し見ている。

厳しいライティングの学習をようやく終えた兄が、釣り道具を抱えて外へ飛び出す。いつから待っていたのか、まだ身体に余る道具を引きずるように、弟は兄の後を追う。兄のいきおいに弟はついていけそうになく、見かねた母親が兄を呼び止める。何でこんなところが好きなのかわからないが、川に向かって駆け出す兄弟の姿には、いつも涙があふれてくる。

もしかしたら、そんな情景をモンタナではなく黒部川でも作れるのではないか。〈フライ教室〉が何を生んだのか、映像はその一部を伝えてくれるかも知れない。

「いいですね。やりましょう。」

そう返事しながら、ちょっとだけ欲が出てきた。番組は黒部川にどんな夢を見ようというのだろう。それが知りたい。電話で何人かの小さいフライマンたちの名前を挙げ、制作の意図に合う子どもを選んでもらおうと考えた。僕が伝えて欲しいと願っていることと、実際に伝えられることは必ずしも一致しないし、表現とはそんなものであることは承知している。むしろ僕らの状況を、番組を通して客観視できる機会として考えた。

取材は急ぎのようだ。一昼夜たった頃、再びファックスが入った。コーイチを中心に撮りたいという。ちょうど今年、コーイチは小学校を卒業する。彼の卒業式が取材の始まりになる。小学校の卒業から中学校の入学までは約二週間。中学校生活への不安と期待が交錯する、コーイチの時間を撮る。その選択は僕にもよく理解できた。

小さなフライマンたち

卒業式が終わり、学校の玄関の前で最後のお別れの挨拶を交わす頃、八ミリフィルムカメラを抱えた制作会社の石澤ディレクターがコーイチを探した。撮影スタッフの到着が翌日になるため、先に現場へ入った石澤さんがカメラを回す。カラカラと懐かしい音が響き、コーイチは何だか照れる。

卒業式の午後、家の裏を流れる黒部川へ向かう。黒部川の河原から断崖を利用して建てられた一八階建ての近代的なホテルがコーイチの実家だ。業務用の通路の一画にあるコーイチの部屋に、リョウマがやってきた。いつものようにちょっと怒ったような顔をしてふらっと入ってきた。そうやってここにはみんなが集まる。窓の四〇メートル下には、黒部川が流れ、ライズはいつだってたしかめられる。

リョウマはもう「やってきた。」という。窓の下の「延楽裏の大プール」でルアーを投げてきたというのだ。二匹かかった。が、ルアーをなくして、ここに来たのだという。リョウマの言葉に、コーイチは期待を大きくする。さっそく、行こうか。

峡谷の谷間にも春の日差しがあふれている。三月の川はどうしてこうも美しいのだろう。いくつもの命が、雪の下でゆっくりと確実に春を感じとって背伸びしている。陽光が降り注いだのを合図に、みんな一斉に自己主張を始める。僕らは何だかいっぺんに生命が沸き出してきたかのような錯覚に陥り、その瞬間から春が始まったように思えて、身勝手に感動してしまう。

下流から少しずつ探りをいれながらも、去年の同じ日、ヒロシが大きなイワナを上げたポイントを頭に描く。釣った魚の数で人は釣り師として磨き上げられるのではない。どれだけ川を考え、どれだけ想像力を育んだか、それが釣り師としての評価だ。コーイチは、さっぱり釣れないけれども立派な釣り師だ。いや、フライマンと呼んだ方が彼は喜ぶ。

リョウマは釣ったというが、アタリがない。小さな虫が水面からハッチしている。ミッジ（極小の昆虫）だ。コーイチに限らず、子どもたちにとってミッジは厳しい釣りだ。フライは見えない。キャスティングは困難。細い糸は絡む。それでもときどきライズがある。

小さなフライマンたちは、ライズの釣りへの欲望を抑え切れない。ライズを前にドライフライを使わない手はない。そんな哲学を持っているらしい。僕の受け売りかもしれないが。

シーズンオフに作ったロッドがあった。小さい手にも合うように細身のグリップと、学校帰りの釣りに備えた四本継ぎの、新しいグラスロッドだ。それでもこの日、コーイチは愛用のホテイチク・ロッドを持って来た。ここは黒部川。コーイチの部屋の窓から見える川だ。

ヒロシ登場

たいした反応も得られないまま、「延楽裏の大プール」の下端まで釣り上がった。はじめは几帳面に向けられていたカメラも、かなり間隔を置いて構えられるようになっていた。そんなにうまくいかないって。お茶の時間にしよう。

紅茶とビスケットで、河原を楽しみ、水の流れを読み、水底の魚を想像していると、下流の想影橋の下を、見慣れた影が近づいてくる。ヒロシだな。こんな時、あいつは必ず匂いを嗅ぎつけたように現れる。

コーイチとリョウマの姿をたしかめると、卒業のお祝いの言葉を言った。彼にも今日がどんな日かよくわかっているのだ。去年の今日、釣り上げたイワナを担任の若い先生に捧げたのはヒロシだった。

ヒロシは石澤さんと簡単な言葉を交わしながら、ときどき視線を川に向ける。ヒロシは僕に多くのフライマンと同じようないくつかの質問をして、さっさと準備を済ませると小さなライズに毛バリを投げて探り始めた。その姿は教え子というより、いい釣りができるよきフライ仲間だ。教えることは何もない。お互い川を楽しんでいこう。

リョウマはあきらめた。もう時間だという。卒業のお祝いに、どこかに食事に行くことになっているそうだ。またな。リョウマを見送った頃から、春の短い日が傾き始めた。残雪に伸びる影が一段と長さを増す。散発的なライズにむなしくフライが素通りする。川は寡黙だ。山の端に残光が消え入りそうになった頃、ヒロシはつぶやいた。

「秘密の場所があるんだ…。」

コーイチは、何も言わずに同意した。このまま、今日のこの一日が終わるわけはない。ヒロシの提案に逆らう理由はなにもない。だが僕はちょっと懐疑的だった。この水量では、他に可能性があるようには思えなかった。経験的にも、彼の言う〈秘密の場所〉の存在は怪しいと感じていた。

「どうします。」

石澤さんが問いかけてきた。

「彼らの釣りです。彼らの思うようにすればいい。」

と答えると、石澤さんは笑みを浮かべた。

ヒロシはコーイチを促し、残雪の上を踏み抜かないように下流へ歩いていった。河原に残った雪は、いきなり大きな穴を開ける。途中、彼らの長靴では渡れない瀬があるはずだ。きっと何とかするだろう。何ともならなければ、次善の策を考える。それが、子どもだ。

雪の上のイワナ

〈秘密の場所〉とは、何のことはない。黒部川で釣りをする人なら誰もが知っている岸壁沿いの小さなプールだった。用水掘削が試みられて放棄された、その取り入れ口にあたる。谷井さんが初めて魚をかけた「谷井さんのプール」とも呼ばれている。いつものような流量があれば、もう少し流れが生まれて、魚の気配も高まるのだが、今はほとんど止水である。

ヒロシは近づいていった僕に笑顔を向けた。いつもの、魚に恵まれた時の笑顔だ。石澤さんが、何匹かきたと告げる。ヒロシの手には、ルアーロッドがあった。そうか、その選択か。コーイチはホテイチクのフライロッドだ。君はいいフライマンになる。

「コーイチ。ルアーにしてみるか。」

ちょっとだけ表情を曇らせて、僕の選択に従った。

ここで今釣れるのだとすれば、おそらくヒロシが試したように、流れ込みのちょっとだけ下、いくつか石が沈んでいる場所に何匹かついているイワナを、ルアーで誘い出すのがいい。

何投かするうちに、コーイチのルアーに銀色の影が絡んだ。きた。

「フィッシュ・オン！」

開高健の影響で、ルアーに魚がかかると、恥ずかしいことに僕は思わずそう叫んでしまう。声に驚いたヒロシが、ロッドを地面に置いたまま駆けてくる。雪に足をとられるがかまわず強引に走る。

釣り上げたイワナを雪の上にのせた。石澤さんは、ヒットの瞬間をうまく捉えたらしく、一瞬だけファインダーを外して、僕にうなずいた。コーイチが雪の上でやさしくイワナを掴んだ。

「よかったな。コーイチ。」

ヒロシの声は弾んでいた。昨年、彼に魚がきたように、コーイチにもちゃんときた。川は僕らをいつだって裏切らない。コーイチは相変わらず無言で微笑む。

コーイチの目が何かを訴えている。

「持ち帰りたいんだろう？」

表情が崩れる。図星らしい。

「好きなようにすればいいさ。これは君の魚だ。」

それでも迷っているらしい。今から魚を持ち帰っても、まかないのおばさんは帰宅した後で、魚を調理することができないのだろう。

「今夜、僕らは延楽で、卒業式のお祝いの宴会だ。そこで、提案。夜八時、君のためにこのイワナを焼こうじゃないか。いかがかな、延楽のぼっちゃん。」

コーイチは笑ってうなずいた。決まりだ。俺が焼いてやるよ。日差しを失った河原はひどく冷え込んできた。だが、河原の光景はどこまでも暖かかった。

本当の〈秘密の場所〉

翌日の午前、撮影スタッフが到着した。レポーターの益田由美さんもいっしょだ。

ひと通りのあいさつを済ませて、コーイチと僕は、ヒロシたちの到着を待った。じきに、ルアーロッドを抱え、だがルアーを持たずにマサオミがやってきた。あてにされているようだ。そのくらいは貸してやるよ。ヒロシは、後から自転車で来ると言う。

ロッドを背中にかついで、何のこだわりかわからないがハンチングを被ったヒロシが来た。ヒロシのロッドは昨年の八月末、キャスティング中に折れてしまったため、知り合いの地元フライマンが組んでくれたグラスロッドを使っている（その人はその年の夏、イブニングライズに出かけたまま川から帰らなかった）。何とかフライで魚を釣り上げてみたいと言いだした。

春の光が満ちて、撮影はやはり「延楽裏の大プール」から始まった。小さなライズがあるのに放っておけないというのが、ヒロシの意見である。スギ花粉がひどい。それでも久しぶりに強い日差しを浴びた。あの冬があるから、この春が楽しめる。

陽気に誘われてのんきに投げているうちに釣果のないまま、お昼になる。延楽でまかなってもらったおにぎりと卵焼き、それに唐揚げでランチにする。気持ちいいなあ。春だよ、おい。そんな感じで妙に嬉しい。ライズを見ているだけで満足してしまう。だから僕はいつまでも釣りが下手なんだ。教え子たちも同じことを考えているのだろうか。だったら、いつまでも釣れるフライマンにはなれない。

午後になっても、釣りは一向に上向かない。いっそうシビアになった感じさえする。一瞬、何かが切れたようにざばざばと水をかき分けて、ヒロシが歩み寄ってきた。石澤さんも様子の変化に気づいたらしく、僕のそばに来た。

「先生。だめだ。動こう。」

ヒロシが告げる。

「動こうって、どこへ。昨日のところか？　ライズはなかったぞ。」

「いや。あんまり行きたくないけど…、本当の〈秘密の場所〉。」

「…そこは、釣れるのか？」

「うん…。いや、多分。」

「そうか。」

「で、どこだよ。」

「…トロッコの橋の下。」

会話に参加しようと寄ってきたコーイチとマサオミが、一瞬表情をこわばらせた。何かあるのだろう。いったい何が。僕には全く心当たりがない。

「どうかしたのか。」

「うん。…死体。」

「死体?」

「死体を見たんだ。去年、今頃、三人で。」

本当の〈秘密の場所〉へ行く途中、ふだんは人気のない河原の突然の人だかりに、物見高い三人は駆けつけた。そこには、何があったかわからないが、その上の崖から転落した人間が横たわっていた。見るからに、すでに「死体」であったらしい。それ以来、彼らは、いかに釣果を期待できようとも、そこへ行くことをためらい続けてきたのである。

禁を破るには今しかない。そうヒロシは決意した。同じ三人で遭遇した厄ならば、同じ三人で払拭する以外にない。あそこなら、必ずライズがある。おおげさなようだが、彼は、どうやら心の壁を乗り越えようとしているらしかった。躊躇するコーイチをヒロシの決意が動かした。マサオミは、もとよりそのつもりである。

ここより上流の河原の雪には足跡がない。この数日の好天でようやく歩けるところが顔を出したが、ほとんどの行程で危うい雪の上を進まねばならない。この時期、石の間の雪が先に解ける。表面は平らだが、皿洗いのスポンジをひっくり返したように小さなスノーブリッジを連続させ、石と石の間に足を落とし込んでしまうことがしばしば起きる。いささかうっとうしい。

体重の軽い子どもたちは、大人ほどには苦労しない。すっかり離されてしまったので、追いつくのを諦めた。

初めてのニンフ

大分遅れて、先に着いた彼らに合流した。黒部川の本流だが、何に使われたのかわからない大きな鉄骨が大きくくねりながら、巨体の半分を水中に沈めている。頭上にトロッコ電車の赤い大きな橋が覆い被さる。流れはわずかにあるものの、そう強くはなく、水は透明でかなり冷たいが、周りの景色を映し込んでいるせいか、春の色をしている。

ほんのちょっと前まで、まだどきどきしたという。少し楽になったとヒロシはつぶやく。そして、

「先生、ほら。」

ヒロシが指さしたところに、かなり連続して、ライズ。しかも、キャスティングの技術を問われないごく流しやすいところだ。ヒロシはニンフの釣りを選んだ。まだこの方法で釣ったことはない。益田さんが後方から見守る。目印の流れ方は悪くない。コーイチは少し下でドライを流す。マサオ

ミのルアーにちょっとした反応があって、急に期待感が高まる。

なにげなく益田さんの方を見た瞬間、横顔がぱっと変わった。何か起きた。口をぱくぱくさせて、川を指さした。釣れた。食ったんだ。

「釣れた。いくぞ！」

マサオミとコーイチに声をかけて、僕はブロックを飛び越えた。ばたばた足音を立てると、釣り場が荒れる。しかしこの幸運にそろりそろりと近づくほど、沈着冷静で無感動な教師ではない。思わず動きが激しくなっていた。

ブロックの上に立つと、ちょうど魚を寄せたところだ。イワナ。二〇センチをちょっと超えたくらいだが、かなりきれいだ。ヒロシは珍しく上気している。心の壁を乗り越えて、今年最初の魚―ルアーで釣ったものはカウントしないそうだ―を初めてのニンフで上げた。

イワナを慈しむようにそっと水から持ち上げる。川岸の砂で汚れたところを、冷たく濡れた指先でていねいに拭き取る。イワナを見せて欲しいという益田さんの注文に応えて魚を差し上げたヒロシの指に、力らしい力が入っていないことにちょっと感動する。イワナもそれを感じてか、いずれ水に帰る短い時間を耐えている。この子の血には、イワナと同じように黒部川の水が流れているのだ。僕がどう努力したところで、こればかりはどうにもならない。

益田さんの歓声が夕焼けに染まった川に響く。だれの喜びも自分に取り込んで、自分の人生のように喜びを分かち合える方のようだ。そうやって受け入れることも先生の役割だ。今日は益田さんが一番いい先生になった。

そろそろ日暮れも近い。今日はここまでだ。明日はどうする。ヒロシもマサオミも用事があって、これでおしまいだと言う。石澤さんと別れの言葉を交わしながら、ヒロシはちょっと胸を詰まらせていた。

翌日、最後の撮影を終えて、川を離れ空港へ向かおうとするスタッフの前に、いきなりヒロシが自転車に乗って現れた。ほんの数分前後しても、決してそうなることはなかったのに、まるで川が彼を呼び寄せたように、ヒロシはそこにいた。

「会えるかな、って考えて来たら、本当に会えた。」

ヒロシがにこにこ笑いながら言った。

「僕も君に会えそうな予感があったんだ。きっとここで会えると思っていたよ。」

石澤さんが、時間に迫られてワゴンの助手席に身体を半分入れながら言う。もうすぐ暗くなる。遠くの空の青さが春を告げているが、夕方の風は冷たい。ワゴンを見送りながら、いい川の季節を味わっていた。思いついたように、隣のコーイチにヒロシが言う。

「コーイチ。スキー部に入れよ。俺といっしょにやろうぜ。」

コーイチはすぐに返事をしなかった。考えてみるとも言わなかった。そうか、自分も中学生になるんだ。ヒロシに言われて、コーイチはようやくそのことに気がついた。僕にはそう見えた。

夢の川

『リバー・ウォッチング』放送の翌日、引き寄せられるように黒部川に向かってクルマを走らせた。愛本橋の手前で、右岸の岸壁沿いの道に入ると、自転車を押して坂を登る中学生がいた。ヒロシだ。新しく買ったマウンテンバイクでちょっと負釣山《おいつるしやま》を走ってきたらしい。マウンテンバイクをクルマに積んで、三キロほど離れた彼の家に送っていくことにした。

「見たか。」

「…うん。」

どうも歯切れが悪い。ビデオに撮って見ようとしたら、ビデオも壊れていて、結局見ないで寝ることにしたのだという。じゃ、見なかったのか。

「それがさ…。」

ヒロシは、少しずつ話し始めた。彼の部屋に今にも壊れそうな机があるらしい。ふだん使っている分にはそれほど支障はない。その夜、いきなり大きな物音がして彼は目を覚ました。見ると、机が壊れている。まるで何者かに壊されたように。もののけの仕業のように思えて恐くなり、明かり代わりにテレビをつけた。

そこに、自分が映っていた。まるで、誰かに起こされたみたいだった。そう言って、不思議な体験と番組の中に描かれた夢の川を、二重映しに語る。そんなこともあるさ、ヒロシ。君は黒部川と生きてきたんだから、と言いかけてやめた。ヒロシやコーイチ、他のたくさんの子どもたちにとって、黒部川は強烈なゴルジュや電源開発で知られる有名河川でも何でもない、ただの「そこらへんの川」だ。

大人の思い入れと、勝手な期待で、彼らを定義づけるのは意味のないことである。君たちの心を流れる川の風景を、ほんの少しだけ僕にも見せてくれたらそれでいい。そして君たちが許してくれるなら、いっしょに同じ川に立ち続けたい。

ヒロシ。お前、おれの教え子だなんてことになっているけれど、教えてもらっているのは、僕の方かも知れない。心の中でつぶやいた。

第一〇章

川は死なない

たっちゃん

春、大学院での学生生活を終えて、僕は宇奈月小学校に復帰した。久しぶりの学校の空気はおいしい。僕はここに生きることを選択したのだと改めて実感できる。

小学校は不思議なところだ。わずか六歳の子どもと、ティーンエイジ直前の多感な少年少女が同居する。身長でみても、ざっと五〇センチは違う。体重ならほぼ二倍の差がある。しかし、その差が絶妙の綾を生みだす。多様性なんて言葉を使うと安直すぎるのかも知れないが、なかなか表現しにくい。何のことはない、川の風景と同じだ。

〈たんぽぽ学級〉という名の教室の担任を言い渡される。かつて〈とまと学級〉と呼ばれた時、バイスが並び、マテリアルが散乱し、ホテイチクのフライロッドが組み上げられていた場所である。また、そこに戻ってきた。今は、たっちゃん一人の教室だ。

たっちゃんとは、僕が彼の長兄の担任だった頃からのつきあいだ。明るく、元気で、素直な二年生の男の子だ。少しばかり学校での生活に配慮が必要だ。宇奈月小学校の児童としてのたっちゃんとは初めてのつきあいだ。緊張していた。でも、たっちゃんもお父さんと一緒に川でロッドを振るルアーマンだ。きっと、うまくやれる。

ふたたび野外活動クラブ

本当にまた宇奈月小学校にいるんだ、と感じ始めたのは、クラブ活動が始まってからだ。野外活動クラブが、この年も何人かの子どもたちの希望で成立、結成されることになった。

わずか一年のブランクが人をこうも弱気にするものかと思う。毎年度始めのクラブの希望調査で、子どもの中から「野外活動クラブ」の名前が出てこないように思えてくる。希望がないか、極端に少なければ、クラブはなくなる場合だってある。

希望調査は四年生以上で行われており、二年生担任の僕にはその動きが伝わらない。こんなクラブなら担当はあの先生だろうと子どもたちはあらかじめ想定しているに違いなく、野外活動クラブの場合、思い上がりだが僕以外のだれも考えられない。人気投票ではないが、それに似た雰囲気がある。

一年間の子どもの成長を考えると、僕は小さな存在だ。日ごろ、顔を見なくなれば、僕のことなどきっと忘れてしまう。希望がなければ、僕にはまだ十分思い入れがあっても、子どもが望まないものを押し付けるわけにはいかない。覚悟はしていた。

しかし、野外活動クラブは今年もまた作られた。同僚の前では、平然としていたが、胸のうちでは飛び上がりたい心境にさえなっていた。まだ、僕が子どもたちに必要とされている！　それは、教員免許状や勤務の辞令よりも、僕が教師であることを証明してくれているように思えた。

集まったのは七人。四年生以上の子どもたちが全部で五〇人ほどのうちの七人だ。六年生は一人だけ。なぜか担任の教師がいつも「田中のツヨシ」と呼ぶツヨシである。ツヨシがもう六年生になっているとは。

毎年子どもたちを送り出し、新しい子どもたちを迎える学校は、時間がループを描いているように感じられることがある。どうも時間が曖昧になってくる。学校は永遠の楽園であるのと同時に、たまらなく退屈な天国にもなる。

初めてのクラブ活動

音沢に住むツヨシは、かなり早くから、釣り好きの父の影響を受けて〈フライ教室〉に出入りしていた。彼にとってフライであるとかないとかはあまり関係がない。川と山のことが出てくればそれでいい。ツヨシにとって、〈フライ教室〉に散乱する謎の道具や鳥、獣の「死骸」は大きく興味をひくものであった。大きな上級生に混じって、フライを巻いていたツヨシの姿は、初めのころ、まだまだ小さく見えた。

音沢の夕暮れを見に行くと、橋の下には必ずツヨシがいた。そこに住んでいると言われてもおかしくないほど、いつもいた。釣り竿を持たずに、先輩たちの釣りを眺めている。ランニングシャツに半ズボン。足にはサンダル、しかも、紫外線にさらされてほとんど色を失ったサイズの合わないビーチ・サンダル。それで河原をかなりの速度で歩くのだ。

動きがちょこまかして釣りをする者には目触りなのか、しばしば上級生たちに叱られていた。しかし、よく注意してみると、彼の足音はほとんど聞こえない。ツヨシもまた黒部川のほとりに生まれ育ったものの一人である。

僕の姿を見つけると駆け寄ってきて、その場所の釣果を報告してくれる。上流に釣り人の姿を見つけては、フライだの、ルアーだの、エサだの、テンカラだのと巧みに判別する。まだその頃はフライは珍しかったから、音沢周辺でフライをやった人の情報をほとんど掴んでいた。釣果については詳しかったが、ライズの様子やハッチの状況までを報告するには、いくぶん幼すぎた。

だが、今は、野外活動クラブのリーダーである。このクラブの中で、自分だけが三年間このクラブに在籍していると自慢している。これは音沢の先輩フライマン、ヒロシでさえできなかったことだと、僕に話した。

五年生は二人。一人は、フライをスピニングリールでキャストして、リーリングしながら釣る「山田メソッド」の山田兄弟の弟の方、トモオだ。今年は中学卒業までのレンタルで、念願のフライロッドを手に入れた。六フィート五番・四ピース、マッキーズ製のジュニア専用ロッドだ。〈大人のためのフライ教室〉が企画し組み上げた。ツヨシと同じロッドである。

トモオが本物のフライロッドを手に入れたことで、山田メソッドは伝説の中に消えていった。それを惜しむ声もあったが、トモオは何よりフライフィッシングがやりたかった。

もう一人は、ヒロアキ。ゲームよりいいだろうというので、ダイワ製のフライロッドを買ってもらったのは三年生の時だ。子どもたちでも知っている会社だというのでうらやましがられた。子どもにとっては、海外ブランドのハーディーもオービスも無名だ。

子どものロッドは、所有者の名前で語られる。ヒロアキのロッドである。それが本当なのだろう。ダイワのロッドだから釣れたのではなく、釣ったのはヒロアキで、彼のロッドにはダイワと書いてあるということだ。子どもたちは、魚がかかった幸運をうらやむのだ。この土地の言葉で「けなるい」という。

ヒロアキにロッドを買ってくれた母親は、今、重い病と闘っている。そのためか、どこかしら表情に張りがない。せめて川が彼の心を慰めてはくれないか、いや、彼が癒されることを求めて、このクラブを選んだのだとしたら…。僕には祈るより方法がない。そして、これまで川は僕らを裏切らなかった。

四年生が四人。ケンタとリュウ、イツキにヨウジ。ヨウジは、かつて、学校の南庭自然観察池に最初に放された、黒部川の四〇センチのニジマスを釣ったコウキの弟である。イツキの父も川に遊ぶことが多いらしい。それもけっこうな凝りようだとも。ケンタもリュウも、無邪気で、活発で、教室よりはどちらかと言えば戸外が似合う。

初めてのクラブ活動に野外活動クラブを選んだ四年生の目的の一つは、釣りにあることは明白であった。

増水のあと

学校の授業として釣りができるのが、それほどまでに魅力的なものなのかどうかはわからない。しかし、それを求めている子どもたちも現実にいる。勉強の邪魔になることとして挙げられる余計な遊びに数えられる釣りを、堂々と学校の「勉強」として行うわけだ。子どもたちにしてみれば、釣りを認めてもらったような晴れがましさや、学校の日常からの合法的な逸脱という痛快さが含まれているのだろう。

しかし、クラブで釣りをする時には、そこまでの理屈は考えたことはない。そこに川があるから、というのが本音に近い。それでも、川でときどき子どもたちに問いながら、子どもの反応を求めている。そして、僕自身も考えている。そのうちに、見えないものが忽然と見えてくることもあるのだ。釣りは、楽しみだが手段でもある。

ある日のクラブ活動で、黒部川を訪れた。雨続きの後の河原を探るのだ。濁りがきつくて、とても釣りにはなりそうもない。増水は河原の様子を一変させる。川虫の羽化も多くはないだろう。

黒部川の流れは明らかにいつもと違っていた。深い霧に覆われている。少し高くなった宇奈月ダムの土捨て場から見下ろすと、河原に白い竜が横たわっているように見える。竜は形をゆっくりと変えながら、微妙に体をくねらせている。ときどきどうした具合か、風でも吹くのか、竜を包み込むような大きな霧の塊が生まれ、河原全体を隠すようなドームに成長したかと思うと、あっという間にもとの竜にもどる。

「あそこへ入るぞ。」

河原を見ていた子どもたちがびくっと動いた気がした。

河原の埋め立てが進むにつれ、川への道のりは困難になっていた。素朴な河原道はない。土捨て場に造成された丘地からきつい斜面を下ると、舗装された道路に出る。宇奈月温泉に向かう大型観光バスやたくさんの工事車両が行きかう道路を渡り、柵を越え、再び厳しい草つきの堤防斜面を下らねばならない。かつて、ここが河原であったことを考えると、何だか悔しくなってくる。川はどんどん遠ざかっていく。遠ざけているのは僕らの社会だが、それによって得られる安心もある。

子どもはいつだって一番おもしろいことをやりたいし、そのためにはたいていのことを克服する。

丘地には斜めに降りやすい通路を切った。道路からの進入路を決め、そこを何度も繰り返して通ることで、けもの道を作ってしまった。

その道を下ると、次第に空が見えなくなってくる。霧の中に取り込まれ始めたのだ。河原の竜を同じ視線の高さで眺めると、それはやはり、何かの生き物に見える。ちょうど水が流れているはずのところが白く深く濃い霧に包まれ、竜の体から発生した気のようなものがその周りに漂っているように見えるのだ。

ゆっくりと近づく。川まであと五〇メートルもあろうかというところで増水の痕跡を見つける。草が同じ方向に薙《な》ぎ倒されているのだ。砂地には、小さな流木が水の名残りを伝えるように線状に整列している。

「こう来て、こう流れたんだよ。」

僕の言葉に子どもたちは反応する。そういわれてもよくイメージできないらしい。

「このなぞはおれが必ず解いてみせる。じっちゃんの名にかけて。」

人気ドラマの決め台詞をヨウジが何度も叫んで、河原を走り回る。テレビやゲームの影響で子どもたちが自然に興味が持てなくなったなんて、わけ知り顔で言う人があるけれど、おんなじだ、子どもは。そういう見方しかできなくなった方がおかしいのだ。

霧の中のカゲロウ

水際に立つと、すっかり霧に包まれた。二〇メートル向こうは何も見えない。恐怖感はない。濃くなったり薄くなったりする霧の内側にいる浮遊感覚は、あまり馴染みがない。山で多くの霧を体験してきた僕でさえそうなのだから、子どもたちはなおさらだ。流れの音が、霧に乱反射したり吸収されたりするのか、とんでもない方向から聞こえたり、急に聞こえなくなったりする。と思えば、音に包まれるようなこともある。

頭の上を何かが横切った。僕より早く子どもが見つけた。モンカゲロウの羽化である。増水した川の流れの緩い場所を選んで、彼らは今まさに羽化している。羽化するための条件は最悪だ。気温は低いし、水温も上流のダムの放水の影響でかなり低い。そのうえ湿度が高く、やわらかな翅を湿らせる。

羽化したカゲロウたちは霧の中に消えていく。僕らが見えない距離まで飛んでいき、霧に溶けて吸い込まれていくように思える。どこへいくのだろう。小さい頃に何かの本で読んだ、チョウがあふれる谷の話を思い出した。どこか誰も知らない山中で、チョウは木や岩、地面を覆い尽くすように棲んでいるという。カゲロウたちもこの霧の中のどこかで集まってランデブーしているのかも知れない。

人類が生まれる前から黒部川は様々な営みを繰り返してきた。どんな現象も、それは永遠の歴史の流れの日常である。不思議なことだが、竜の胎内を離れ、辺りの景色が再び見渡せるようになっていった時、僕らは生まれ変わってどこか違う世界に帰っていくような気持ちになっていた。もとの丘地に戻り、川を振り返ると、強くなった日差しに竜は、大きな体を溶かされ始めていた。

ふだんは騒々しい子どもたちが、このときは神妙に河原を見下ろしていた。竜がすっかり天に帰るまで見届けたかったが、学校のチャイムが僕らを呼んでいる。

三度目の排砂

それから間もなくのこと、黒部川で三回目の排砂が行われる情報が入ってきた。『週刊プレイボーイ』の記者からの電話でわかったのだ。いつものことだが、地元の情報は外から伝わってくる。釣りシーズン中の排砂は今回が初めてだ。梅雨時の増水でヘドロを希釈してしまおうというのだろうか。

ヒロシがひどく心配しているという。もう見たくないという。このままでは川が死んでしまうと、しきりに話しているらしい。すでにあきらめか、無関心の態度を決め込んでしまった大人とは違う。子どもには、魚と同じように逃げ場がない。ヒロシにとって黒部川とは彼が暮らす音沢付近の流れのことだ。以前、黒部川上流へ釣りに連れていってもらったヒロシは、多くの人々がこれこそ黒部峡谷と語る風景に「ここは黒部川じゃない。」と話したそうだ。

多くの大人にとっては、黒部川がダメになっても、近隣にいくつもの川がある。だがヒロシや他の子どもたちにとっては、ここが唯一無二の川である。それは、学術的に貴重だとか、昔はよかったが荒れてしまったとかいう一般社会の評価とは、無関係だ。黒部川を失うことは、川がなくなることに等しい。

前回の排砂を思い出す。ヒロシやジュンが、雪の河原と対照的にヘドロを含んだ黒い水が流れる強烈な光景を、呆然と見ていた。目の焦点が合わず、どこを見ているのかわからなかった。ジュンは、小さな声で「ちくしょう」とつぶやいた。そして、黙って立ち尽くした。あれが、また始まるのだ。

今回の排砂は、日時が特定されず、いくつかの自然条件が整うのを待って行われるらしい。ようするに、できるだけ大量の水で川を洗い流すように流したいのだろうと、僕は思った。農業被害を抑えるために、水田への取水を止めた後がXデーであろうと、想像はついた。近くの用水の水がなくなったので、子どもたちにも、再びその日がやってくることを、そして、もう間もなくであることを教えていた。

七月八日。水量が驚くほど増え始めた。排砂はまず、出平ダムの水位を下げ、底に溜まった土砂を剥き出しにして、それから通常の放水ゲートよりさらに下方にある排砂ゲートを開き、上流のダムの放水の水圧によって、いわば、押しだすようにして流すのだ。そのため、排砂の直前、下流への放水は梅雨時の降雨もあって、かなりの量になった。

僕と谷井さんは、川を見て回ることにした。昨年、宇奈月に転勤してきた谷井さんは、排砂を知らない。谷井さんは、半分泣きそうになっていた。言葉にならない感じなのだ。谷井さんの最初の魚は、宇奈月温泉下のタマリであった。以来、彼はずっと黒部川で釣ってきた。

黒部川は、茶色に変色していた。河原いっぱいに広がった流れは、排水路のようで起伏のある場所をすべて呑み込んでいた。谷井さんにちなんだ「谷井さんのプール」も、コーイチの実家にちなんだ「延楽裏のプール」も判別できない。「桃源露天風呂前」は、完全に水没し、いつもは数台のクルマが停められる場所まで水際が上昇している。

わずかに異臭がする。すでにヘドロの一部が流れ出していたとしてもおかしくない。上流からはおびただしい流木といっしょにドラム缶やごみが流れていた。

人の目を逃れて

翌七月九日未明、排砂が始まった。

深夜、人の目から逃れるように排砂ゲートが開けられた。かつて「絵の具を全部混ぜたよう」と子どもが形容した土砂が暗闇の中で流れだした。報道各社はヘリを飛ばすわけにもいかず、投光機のわずかな光に排砂の雰囲気を伝えただけだ。偶然、深夜に排砂の条件が整ったということか。明日は新聞休刊日で、関係者のコメントが世間に出るのも二日後になる。これも条件に含まれているのかと勘ぐりたくなる。

谷井さんとは学校で待ち合わせた。学校に着いたのが午前九時。クルマをおりた瞬間、臭った。ドブ川の臭いだ。清流黒部が、こんな匂いを発しているのだ。しかし谷井さんを待つ間の数分間で、臭いが馴染んできた。だから、学校の周りを歩く人の誰もがいつもと同じ表情で通り過ぎてゆく。苛立っている僕らの方がおかしいようにさえ思える。これがあぶない。

谷井さんと合流し、宇奈月温泉に向かった。支流の宇奈月谷の出合いを見て愕然とした。宇奈月谷は排砂の影響をまったく受けていない。その水が本流と出合う時、よく晴れた空に突然盛り上がった黒雲のように、澄んだ水の色と土砂を含んだ水が境界をくっきり見せてせめぎ合っていた。本流は昨日の茶濁りから、ねずみ色に変わっている。水全体が粘り気を帯びたようにも見える。ときどき木の葉か枝が流れていく。岸に黒く臭いドブ底の土がたまっているが、大半は水量に押し流されている。

以前からルアーフィッシングを通して川を見てきたヨシさんが来た。ヨシさんは宇奈月温泉の中でも、最も川に近い所に住む人の一人だ。意外にもさばさばしている。どうにもならない。そんな気持ちなのだろうか。ヨシさんは川を眺めながら昔語りを始めた。そうなのだ、昔でも語らないことには、そうでもして目をそらせないことには、目の前の黒部川の現実を受け入れるには、あまりにも僕らは黒部川を愛している。

ことに、この黒部川でフライを始めた谷井さんは、「谷井さんのプール」がヘドロに覆われている光景を、あたかも自分の愛するものが陵辱されているような絶望とやり切れなさと、あきらめの目で見ている。こんな思いをさせるために谷井さんを川に連れてきたんじゃない…。僕は心の中で言い訳をした。

子どもたちはどう見ているのだろう。彼らは、どう考えるのだろう。彼らが大人になった時、川と人のかかわりは今以上に深くなると考える。川は再び生活の中に戻ってくる、それが教育の役割だと考えてきた。しかし、もう間に合わないのではないか。川はどんどん人から遠ざかるのではないか。人は川を遠ざけるばかりではないか。

竜が怒った

排砂の翌日、いくぶん水の引いた河原に立った。前回とは違う。川は洗い流されたように見えないわけでもない。一見、深刻さを感じない。川で出会う人も、排砂の後の魚の大量放流に期待しているようでさえあった。だが、石はねずみ色の細かい粘土質の砂に覆われている。トビケラの巣が泥と腐った葉で埋まっている。そして、奇妙な静寂が辺りを包み、無気味さを増している。いずれ濁りが元に戻り、人々の記憶も薄れてしまうのか。

七月一二日は、朝からいい天気であった。抜けるような青空が遠くの峡谷の山々まで続いていた。ランチルームで給食を食べていた。たっちゃんは、このところ食欲がある。この学校の誰よりも全身を使って学習している感じだ。ふいに外が夕方のように暗くなったと思うと、大粒の雨が落ちてきた。遠雷が聞こえ始める。雨音が強くなっていく。校内放送が聞き取れない。たっちゃんは、雷が嫌いだ。

「せんせ。ゴロゴロ、こわいよ。」

窓の外を見ては繰り返す。食事は止まった。雨はどこまで強くなるのか、さらに激しさを増す。たっちゃんは、ついにロッカーに逃げ込んだ。そのまま、そこで泣き始めた。大丈夫、大丈夫となだめているうちにも雷鳴が轟く。ものすごい勢いで雨というより、滝が降り注ぐ。この時間、一時間に五〇ミリという集中豪雨だったことが、後から知れた。

雨は勢いを落とさずに降り続いた。帰り際に、愛本橋を渡って驚いた。数日前の水位をはるかに、しかも圧倒的に超えている。かつて、大蛇が棲んでいたという堰堤下で、逆巻く水が盛り上がり始めている。一〇メートルもありそうな大きな木がのたうつように流れ、これまでほとんど水に浸かることのなかった壁を洗っていく。広い河原は水で隠され、その中を直線的に濁流が走る。

竜だ。黒部の竜は生きていたのだ。竜が怒った。

雨は流域に大きな被害をもたらした。川筋に取り残された人々の救出が行われ、建物や軌道が流出し、埋没した。二週間たっても、内山の広い河原は濁流に埋まったままで、サンナドツマキは打ち寄せる怒涛の流れが激しく踊っている。道路から覗き込むことさえ恐ろしかった。宇奈月温泉の想影橋の下、「桃源露天風呂前」はすっかり流失している。川に近づくことさえできない。

右岸の墓ノ木では、いつものキャンプ地が一〇メートル以上も削り取られ、広大な河原が生まれていた。黒部川のどこを見ても殺伐とした光景が広がっている。小さな魚が群れる河原の湧水池も完全に埋まってしまった。僕らしか知らない秘密の場所だったのに。排砂の傷跡といっしょに、思い出もすべて水に流れていった。

かすかな光

谷井さんからファックスが入った。八月二日のことである。

「イワナは生きていました。」

そう書いてある。文字が弾んでいる。

「この状況のなかで、イワナは生きていました。」

と続き、黒部川のある場所で、天然のイワナを数匹釣ったことが書かれていた。

信じられないような場所に、魚たちは小さな命を支え切ったというのだ。谷井さんは何とか心をふるい立たせ、魚が生きられるならもしやと思われる場所を丹念に釣った。そして絶望の中にかすかな光を見つけていった。

最後はふたたび、

「たしかにイワナは生きていました。」

と括られていた。

あの状況の中でも、天然のイワナは生き延びられるのだと思ったとき、はっとした。これもまた黒部の竜のなせること。ある状態の自然を捉えて、いつまでもそうあって欲しいと願うことは、よく考えれば人間の身勝手である。災害も、ある意味では自然の営みの一つに過ぎないとも言える。

僕は急に川が見たくなって、クルマを走らせた。サンナドツマキに降りてみることにした。まだ激しい流れに岩壁が削ぎ取られて荒々しい。むしろ、これが本当の黒部の姿かもしれない。この猛々しい川の姿こそ、竜と呼ばれた黒部なのだろう。電源開発によって牙をぬかれたと見えていた川は、実は機を待つ伏竜だったのだ。

水の濁りがとれるのは、おそらく来年になってしまうだろう。これでは今年、黒部川でもう子どもたちは遊べまい…。しかし、サンナドツマキの細い鉄筋の梯子を登って道路に出ると、アズサとリョータがいた。短パンにTシャツ。手には、アンパンマンの浮き袋を持っている。僕は何の気なしに聞いてみた。

「よう。泳ぐのか。」

「泳ぐんじゃない。これで川下りをするんだ。」

大増水の余韻の残る川を、小さな浮き袋だけで下る！　よくもそんなことを思いつくものだ。聞けばなんと、この遊びの好きな子どもは多いという。

音沢橋の下流でいったん流れは緩くなっている。左に流れると大変だが、右へ行けばすぐに岸に寄れるんだ、と解説された。

「で、左に行くとどうなるの。」

「さあ、かなりひどい目に遭うだろうね。けど、誰もそっちに行った奴はいないよ。」

平然と話す。

おいおい、お前ら正気か、と言おうとして止める。

そうだな、こんなことくらいで川はくたばらない。川とのかかわりを止めてしまわなければ大丈夫だ。川は死なない。いつまでも君たちと共に生き続けるはずだ。

第一一章

移りゆく春

キョウヘイのお願い

その夜の〈大人のためのフライ教室〉のために、急いで家に帰ると、長男のキョウヘイが熱心に勉強している。何があったか知らないが、いつもと様子が違う。妻が、

「キョウヘイ、パパに言うことあるんやろ。ちゃんと、自分で言いなさい。」

と言う。やはり、何かあったのだ。いじめか、それとも、友達に怪我でもさせたか。もじもじしながら、どこか不安げな顔でキョウヘイは、僕の方を向いた。何だ。早く言えよ。たいていのことは、何とかしてやるぞ。パパは、いつだってキョウヘイの味方だ。ちゃんと話してくれ。あまりにも、言いだせないもので業を煮やした妻が、ちょっと怒りだした。

「しっかり、自分でお願いしなさい。」

「あのう、パパ。」

やっと声が出た。努めて平静を装って答える。

「なんだい。」

「ね。ぼく。…今日のフライ教室、行っていい？」

「行きたいの？」

「うん。」

うなずいて、僕の顔を見つめる。もちろんさ、キョウヘイ。君がそのつもりならね。

「いいよ、連れていってあげるよ。六時半には家を出るから、それまでにご飯食べてしまおう。帰りは一〇時になるから、すぐに寝てもいいようにしておきなさい。それと、ロッドを車庫から出しておくといい。」

そう話したら、キョウヘイが笑った。妻は「ほら、いいって言ったでしょ。」などとキョウヘイに話している。僕の答えを予想して宿題をすませるよう言っておいたらしい。二人の弟たちは、「兄ちゃん、よかったね」とか何とか言いながら跳びまわっている。兄と同じようにはらはらしていたらしい。

〈大人のためのフライ教室〉が始まって、かれこれ五〇回は続けてきた。生活のリズムになっているし、小学校教員である僕にとってのもう一つの教室でさえあったのに、おかしなことだが、息子が参加することなど考えてもいなかった。

キョウヘイは小学校二年生。僕が担任しているたっちゃんと同じ年だ。彼が〈フライ教室〉に行きたいなんて言いだすとは思ってもいなかった。

学校の子どもには敏感でいられても、こと自分の子どもには鈍感なものだ。学校の子どもとは釣りに行くくせに、家族とはさっぱりだ。すまなかった。急いで夕食を片づけると、〈フライ教室〉の用具をクルマに積み込む。いつもは両手にぶら下げてクルマとの間を往復するのだが、この日は、キョウヘイが忙しく動いてくれる。

次男のショウヘイの去年の誕生日のことだった。大きくなったら何になりたい、と聞かれた彼は「ぼく、何にしようかな。」としばらく考えていた。ちょっとからかうように「フライマンになれば？」と言ってみた。ショウヘイはこう答えた。

「ぼくはもうフライマンだから、ならなくていいんだよ。」

自分のロッドをもち、数回キャストしたことをそんなふうに言うのだ。涙が出そうだった。自分の親父が何をやっているのか、知っているのだ。

クルマに乗って宇奈月に向かう。助手席のキョウヘイは、急に年齢を増したように見える。教師の目で職業的に見ても、自分のスタイルがあって、周囲と独特の距離感をもつつかみどころの難しい子だ。会話や対話と言えるほどの言葉はないが、クルマのなかは妙な雰囲気に包まれていた。息子が僕のことを認めてくれたような気がして、嬉しくもあり、初めて女の子と親密に話した日のように、いたたまれなさにも似た気恥ずかしさがあった。

宇奈月町中央公民館に着くと、キョウヘイは、両手にフライ用具をぶら下げて僕の後ろをついて歩く。ずっと以前からここに通っていたような足どりである。最初、宇奈月小学校の一角で、こそこそと始まった〈フライ教室〉も、こうやって息子がやってくるまでに広がってきた。

なわとびとフライキャスティング

キャスティング練習ができるホールは、健康体操のために八時から使えない。それでもその時間までは、健康体操の人たちも、フライキャスティングの見た目のおもしろさ、大人と子どもが入り混じった練習風景に、好意的なまなざしを向けてくれている。

大和と谷井さんは、さっそくロッドを持ってホールに向かう。常連になった南保《なんぼ》小学校六年生のタケミチとカズヒコも、ホールへの階段を下りていく。タケミチとカズヒコは、後輩の内山くんの教え子だ。彼らが通う南保小学校の近くには、小川という名の川がある。名前よりはいくぶん立派な流れだ。タケミチとカズヒコにとっては、ヒロシやリョウマ、コーイチたちにとっての黒部川同様、小川が〈そこらへんの川〉である。

「キョウヘイ。ロッド、振ってみるか。」

キョウヘイは大きくうなずくと、その足には不つり合いに大きなスリッパをパタパタ鳴らしながらホールに向かった。

谷井さんは買ったばかりのロッドを振っている。ベロンベロンに柔らかいのが欲しいと言っていたが、お望みのものが手に入ったらしい。うまくキャストできないことを喜んでいるように見える。同じロッドを手に入れた大坂さんもループがうまく作れないと嘆いている。しかし笑顔だ。悲鳴に近い声を上げながら、隣りの小学生と同じしぐさで遊んでいる。キョウヘイもロッドを振り始めた。

子どもにとっては、そもそも正しいキャストも美しいループも関係ない。それが、ちゃんと魚が釣れる技術かどうかが大きな問題だ。ところが、おかしなもので、ホールでいっしょにキャスティング練習していると、美意識が形作られていくらしい。ときどき美しいループになると、ニヤッと表情を緩めることがある。釣れるフライが、必ずしも好きなフライではないのとよく似ている。

キョウヘイがまたそわそわしている。今度は何だ。小便か。理由を聞いて笑った。その日の宿題がまだ残っているのだという。それで、ここでやろうと持ってきたという。なわとびの宿題だそうだ。小さなバックからなわとびを取り出したキョウヘイは、ホールの隅で跳び始めた。背景にはフライキャスティング。タケミチもカズヒコも、数年前を思い出すように笑っていた。

キョウヘイのそわそわはおさまらない。宿題はマラソンとセットになっていると言う。その辺走ってこいよ。館内一周なんてのはどうだ。いろんな子どもが〈フライ教室〉に来たけれど、宿題やったのは聞いたことがない。それが自分の息子だなんて、お父さんとしては…。うれしい。

キョウヘイがこの冬作った版画は、フライフィッシングをしている図柄だという。僕には話さないが、妻に聞いたところによると、川があって、対岸の木には鳥がいる。フライロッドを振るキョウヘイがいて、そのうしろに僕が腕組みをしているのだという。墓ノ木キャンプ場だ。去年のキャンプの光景だ。来年の版画には、ショウヘイも、三番目のリョウヘイも入れてやってくれ。僕にもフライロッドを持たせてくれ。そう言おうと思ったが、口が歪んで出てこなかった。

九年目の転勤

解禁を迎えた黒部川は、しかし、いっこうに春を告げようとしない。虫がざわめかず、水は無気味に静かだ。すべてが押し黙ったままで春を遠ざけている。

奇妙な期待があった。出平ダムの排砂でイメージを悪くした黒部川には、おそらく大量の養殖魚が放流されるはずだ。誰もがそう考えていたし、前回の排砂の時は実際そうであった。釣れないよりはいいだろう、そう自分を慰めてみることもできる。そして、今回も相当量の魚が放された。だが、川は全く動かない。

土砂に埋もれた通称「愛本の堰堤」には、水たまりのようにしか見えない小さな淵に、周囲をびっしり囲むように人が取り巻いた。しかし誰の竿も曲がらなかった。度重なる排砂と昨年七月の豪雨が、放流魚がほんのわずかの期間を生き延びることさえ許さなかったということか。あたり前の春がいよいよ遠くなっていく。

やり切れなさは、昨年のシーズンの終わりの比ではなかった。僕は、その気持ちをまぎらすかのように、〈たんぽぽ学級〉で子ども用のロッド作りに没頭した。ときどき、教室の灯りを見て、学校帰りの卒業生がやってくる。釣れないよ、先生。ああ。どうしてかな。うん、どうしてだろう。排砂のせいかな。うん。もう釣れないのかな。ああ、そうかもな。前はよかったね。

三月下旬、下流の河原に雪が消えた頃を見はからって、〈小中学生のためのフライフィッシング教室〉を催した。冷たい風が川を渡る。川は沈黙したままだ。何が起きているんだろう、とつぶやいたら、何にも起きてないのさ、と誰かが返した。

異動の内示があった。転勤先は小川のほとりの小さな小学校。後輩の内山くんが勤務し、タケミチやカズヒコが卒業した南保小学校だ。宇奈月小学校に来て八年、長くいられたほうだと思う。宇奈月小学校での日々は、ちょうど僕のフライフィッシングの歴史に重なる。ロッドを手に早春の黒部川でカゲロウの羽化に感動したのは、もうかなり昔のようだが、その頃の教え子のヤマダヒロシがようやく成人式を迎えるくらいの時間を経験しただけなのだ。その間に、人は巡り、川は変貌した。

せめて黒部川が以前のような水の流れを取り戻すまでと思った。それはおそらくぞっとするくらい長い時間になるだろう。この一年いっしょにくらした〈たんぽぽ学級〉のたっちゃんと、もう一年いっしょに学んでみたかった。たっちゃんには、とうとう魚を釣らせてやれなかった。

「せんせ。ほら。おさかな。つるよ。ほら。」

棒にひもをくくりつけて、こんな風にフライキャスティングの真似をするたっちゃんと、もう少し黒部川で遊びたかった。彼に大きな風景を見せ、大きな至福と豊かさを体験させたかった。それが教師にありがちな、一方的な思い入れだとは分かっていても。次の一年を考えながらこの一年を暮らすことが、僕の場合よくある。たっちゃんとも、来年の春を考えながらこの春を過ごした。

僕らは、ほんの少し未来のことを考えながら、今を生きようとしている。先週はよかった、来週はよくなる。釣り人には今がない、誰かがそう言った。

第一二章

〈フライ教室〉は眠らない

なぜフライフィッシングだったのか

ところで、〈フライ教室〉はなぜ、フライフィッシングでなくてはならなかったのか。子どもたちと自然をつなぐためには、黒部の職漁師たちが好んだテンカラ釣りだってよかったのではないか。あるいは、植物を学ぶことでもそれはできたのではないか。

僕にとって最初の釣りは渓流のルアーフィッシングだった。試行錯誤は楽しく、釣りのおもしろさを知った。そして、魚が釣れることは掛け値なしにおもしろかった。だが、その頃の僕には魚はともかく、川は見えていなかった。フライフィッシングに出会い、初めて川を見ることを知った。知らざるをえなかった。

フライフィッシングを通して、僕らは川との対話、自然との語らいを迫られる。フライフィッシング特有のやり方は、人をしばしば内省させる。フライフィッシングにおける技術と経験は、人が自然と共生するための術ともなるものだと思う。

よく、どうせ社会で役に立たないのに、受験のために教えられているという言い方をされる。たしかに教科の多くは役に立たないのかもしれない。教養とはそうした性質をもっている。

では、学校でサッカーを習う意味はどこにあるのだろうか。サッカー選手になるかもしれないからとか、サッカーで体力をつけるためとか、そんな理由ではない。サッカーによって自分を知るとはいささか大袈裟だが、サッカーで学ぶ、サッカーを知り、サッカーを通して何かを学ぶのである。知識や体験をてこにして考え、自己を深め、広める。

宇奈月小学校で学ばれていたフライフィッシングは、決してフライマンを養成する目的ではなかった。フライフィッシングで学んだ、フライフィッシングを通して学んだ、と言わねばならない。フライフィッシングのやり方が、世界を知り、自分の生を知るにふさわしい方法であったというだけだ。

しかも、かたわらに黒部川が流れる宇奈月小学校の場合は、という限定付きである。

生命のリアリティ

川虫を観察するだけでなく、川の石に触れるだけでなく、フライフィッシングという「釣り」にこだわったのは、生命のリアリティである。

植物も川虫もそれ自体で生命の息吹を感じさせるものに違いない。しかし水生昆虫の羽化を読み、魚の食餌行動を利用して釣るフライフィッシングの方法は、ほかのどんな方法よりも、連なり絡み合う生命の存在が自分に迫ってくる。

川の生命に向き合うことで、僕らは自分自身の、つながりのなかでかろうじて立っているリアルな生命をも自覚するのだ。〈フライ教室〉が始まったことで、川は確実に子どもたちのもとへもどってきた。

夕暮れの音沢橋の下、数人の子どもたちとライズを眺める。知らないうちに子どもが増えたり減ったり、呼吸数が光と風のリズムに同調しているような、たそがれ。いつかこんな時空があったはずだ。人と川が交わるところ、それは〈水際〉だ。失われて久しかった水際が、まず子どもからもどってきた。学校の教室にいても、山や川の存在をたしかに感じる。山は〈裏山〉で、川は〈そこらへんの川〉だが、そんな山川を抱くことこそ、それを大切に育むことこそ教育の仕事だと、僕は考える。

多くの体験的学習が、子どもを山野に連れ回すだけにとどまっている。子どもといっしょに自然のうちにあるだけでは実は何も見えてこない。そこに、自然と自分をつなぐインターフェイスとでもいうのか、ある秩序立った文化的な仕組みが必要だ。そのひとつがフライフィッシングだ。

フライフィッシングの視線がなければ、川虫に興奮する子どもは多くはあるまい。川虫を通してつながっている世界の広さに震える。その視線を有することで、初めて見えてくる地平がある。

いつでもそこに川がある

少ない道具を抱えて河原を走り、やみくもにフライを流す。今日釣れなければ、明日はもっといい川に出会えることを信じて、ロッドを放り出す。幸運に恵まれていい魚に出会うと、その光景にまた会いたくて、子どもはまた川に向かう。

行きたいときにいつでも川があり、川はいつでも気張らず気取らず、ときどき荒々しい表情を見せながら、子どもを受け入れる。川は逃げない。その前提さえあれば、子どもたちは、川から多くのことを学ぶ。釣れなければ泳ぐだろうし、泳ぎに飽きたらまたロッドを振るかもしれない。

そんな川を残してやるのは、これは社会の責任だ。川の体験を基盤にこの社会を形成するという決意や覚悟を、どれほどもっているのか。

安全上の配慮なのか、多くの河川でふれあいの水場と称して隔離された川を作り、子どもたちと本来の川を切り離してしまおうとしている。子どもは自然の中で育てるのが一番ですと語る人が、そんな見せかけの水路のような川に、疑問を感じない。川は水じゃない。川を感じられなくなった大人に、川を語る資格はない。

もっとも、子どもも川を感じる時間を失っている。中学生がまったく釣りをする時間がないという。月に二度の夜間の〈フライ教室〉に、来たくとも来られないという。部活動に、勉強に追いまくられている。そしてその傾向は次第に小学校へと広がりを見せている。

電子手帳でスケジュールを確認する子どもがいる。ゲームさえ、やっている暇がないという。

いったい、彼らは何にせきたてられているのか。僕らは何を急いでいるのか。

〈フライ教室〉は眠らない

―宇奈月小学校の物語は一応ここで終わる。

僕は宇奈月小学校の子どもたちを通して、僕自身が出会ったフライフィッシングという文化を綴った。子どもの視点に立つことで、川も、魚も、また別の表情を見せてくれた。

宇奈月小学校でフライフィッシングの授業が行われることも、教室の片隅でそのへんから拾ってきた材料からフライが作られることも、ホテイチクのフライロッドが作られ、体育館で試し振りされることも、おそらくもうあるまい。

しかし、僕は知っている。子どもたちに、身近な自然を体験させることの困難と、フライフィッシングという方法を通して、それをなし遂げることの価値を。

うまくいかないことばかりだったし、決して成功をおさめたわけでもない。それでも、子どもとともにフライフィッシングで学んだ体験は、こと黒部川がすぐ脇を流れている宇奈月小学校においては、ほかのやり方では得難いものであったはずだ。

僕らはフライフィッシングの素晴らしさを知った。子どもたちもフライフィッシングの魅力に気づいた。その先にあるもっと大事な、けれども、身近なものの姿も見えてきた。

〈フライ教室〉は眠らない。ようやく、一時間目が終わったくらいだ。

給食にさえ、まだ間がある。

PUMA

adidas

あとがきにかえて

〈フライ教室〉でうまくいったことなんて、何にもなかった。本格的なフライフィッシングは、子どもたちの間ではなかなか実現できなかった。卒業してからフライマンになったやつのうわさも聞いていない。そもそも今となっては当時の子どもたちと、消息を交わすこともほとんどない。

〈フライ教室〉は、あの時代の刹那的な遊びだったのかなと思うこともある。小学校の教師なんて、子どもたちにとっては吹き抜けた風のようなものだったろう。とりたてて悲しいとも辛いとも思わないが、いささかの悔悟はある。もうちょっと何とかならなかったものか。あれから一〇数年がたったが、思い返すと少しせつない。

ヒロシは小学校の先生になった。熱血型らしい。ヤスシは配送の仕事をがんばっているという。リョウマは東京の放送局にいるらしい。コーイチは公認会計士だそうだ。大きな事務所で格好良く働いているのだろうか。つり小屋作って欲しいものだが、それも彼の人生である。

僕の長男キョウヘイは所沢の大学にいる。野球に打ち込んでからは、川であそぶ時間はなかった。サークル活動でスポーツクラブのリーダーをしているそうだ。子どもたちに囲まれる彼の姿は、たかぶらず媚びず、自然にふるまっていてうれしかった。もうみんな大人だ。自分の人生を歩んでいる。

リョータは数年前、事故で死んでしまった。カズヤの弔辞はまったくストレートで、胸を打った。野辺送りに伴われ、黒部川がすぐ横を流れる斎場で荼毘に付された。冷たい雨が落ちていた。同級生の女の子が泣き叫ぶ中、天に昇るはずの煙が一瞬躊躇したように留まり、堤防を乗り越えサンナドツマキに向かう。河原を走り川面にかかった瞬間、拡散して消えてしまった。

リョータがいない黒部川に立つのはむずがゆく、もどかしい感じだ。だからあいつはきっと今も川で遊んでいる、そう思うことにした。

〈大人のためのフライ教室〉の仲間とも会うことは少なくなった。年齢相応に、仕事や住まい、家族の様子が変化し、それぞれの都合が合わせられない。

でも釣りは、しょせん〝ひとり遊び〟だ。いい情報は教えあうが、だからといっていっしょに釣りに行くことはない。川を、釣りを媒介に、互いに通い合うものを確かめられればいい。それは大人も子どもも同じだ。

二〇〇六年三月、宇奈月町は黒部市と合併して新しい「黒部市」が生まれた。四月、宇奈月小学校は旧宇奈月町の他の三つの小学校と統合し、黒部川の下流に建てられた新校舎へ移転した。「宇奈月小学校フライ教室」の舞台となった校舎から子どもたちの姿が消えた。やがて校舎もとりこわされるらしい。

僕は南保小学校（二〇〇五年閉校）から、県教育委員会の社会教育主事を経て、めぐりめぐって去年、黒部市の小学校に教頭として赴任した。もうだれも〝本村先生〟と呼んでくれない。それでも朝夕の巡回で学校から黒部の山々を眺めていると、わーっと子どもたちの先頭に立って駆け出したい気分になる。

できること、できないこと。うまくいくこと、いかないこと。どちらかを選ぶとすれば、できないことや、うまくいかないことに向き合うのが教育だ。だから、学校の毎日はままならない。うろたえ、たじろぐことばかりだ。その分子どもたちも先生たちも、きっと明日を楽しみにしている。

明日も黒部の風が吹くだろう。

二〇〇八年九月　本村雅宏

著者略歴：本村雅宏（ほんむらまさひろ）／1962年生。富山県下新川郡朝日町生まれ。富山大学教育学部・大学院教育学研究科卒。昭和60年4月富山県公立学校教員として採用、入善町立飯野小学校に着任。以後、宇奈月町、朝日町の小学校に勤務。平成11年4月から社会教育主事として朝日町教育委員会、富山県教育委員会勤務の後、魚津市の小学校に勤務。平成19年4月黒部市立若栗小学校に教頭として着任、現在に至る。自然活動愛好者団体「山川野遊び風呂式」フィールドナビゲーター。

◎本書は1993年5月から1996年9月まで季刊『フライの雑誌』誌上に連載された『宇奈月小学校フライ教室日記』を再編集したものです。自然環境のなかの一部として生きている私たちは、日常ついそのことを忘れがちです。野や川での遊びは、人が自然とつながっているたしかな感触を呼び起こしてくれます。〈フライ教室〉は釣りを通じた身近な自然のインタープリテーションであり、環境教育の先駆けでした。子どもたちにとって、いつまでも待ち遠しい明日であってほしい。そんな願いを込めて現代に本書をおくります。

季刊『フライの雑誌』編集部

宇奈月小学校フライ教室日記　先生、釣りに行きませんか。

2008年9月25日発行

著者　本村雅宏　写真／イラスト共

編集発行人　堀内正徳

印刷所　（株）東京印書館

発行所　（有）フライの雑誌社

〒191-0055 東京都日野市西平山2-14-75　Tel.042-843-0667　Fax.042-843-0668

http://www.furainozasshi.com/

Published/Distributed by FURAI NO ZASSHI　2-14-75 Nishi-hirayama,Hino-city,Tokyo,Japan

フライの雑誌社の出版物

地球に生きる全てのヒトへ

◇**イワナをもっと増やしたい！**　「幻の魚」を守り、育て、利用する新しい方法
中村智幸＝著　ISBN978―4―939003―27―1　税込一二〇〇円

◇**海フライの本②**　はじめての海フライ・タイイング&パターンBOOK
牧浩之＝著　ISBN978―4―939003―25―7　税込三一五〇円

◇**新装版・水生昆虫アルバム**　A FLY FISHER'S VIEW
島崎憲司郎＝著　ISBN4―939003―15―9　税込六六〇〇円

◇**魔魚狩り**　―ブラックバスはなぜ殺されるのか
水口憲哉＝著　ISBN4―939003―12―4　税込一八〇〇円

◇**丹沢物語**　ビッグセッジ、魚止め　その他の短篇
碓井昭司＝著　斉藤ユキオ＝絵　ISBN4―939003―10―8　税込一八〇〇円

◇**釣魚大全Ⅱ**　―澄んだ流れで鱒またはグレーリングを釣る方法
チャールズ・コットン＝著　霜田俊憲＝訳　税込一五七五円

◇**相聞歌**　―水の囁き
新井次郎＝著　税込一八九〇円

◇**フライの雑誌**　フライマンのライフスタイルを楽しむ／一九八七年創刊
季刊　2月・5月・8月・11月発行　税込一二五〇円